Gertrud Kieserg

Mehr als alles aber hüte dein Herz

Gertrud Kieserg

Mehr als alles aber hüte dein Herz

Vorträge zur Kontemplation

Fromm Verlag

Imprint
Any brand names and product names mentioned in this book are subject to trademark, brand or patent protection and are trademarks or registered trademarks of their respective holders. The use of brand names, product names, common names, trade names, product descriptions etc. even without a particular marking in this work is in no way to be construed to mean that such names may be regarded as unrestricted in respect of trademark and brand protection legislation and could thus be used by anyone.

Cover image: www.ingimage.com

Publisher:
Fromm Verlag
is a trademark of
Dodo Books Indian Ocean Ltd. and OmniScriptum S.R.L publishing group

120 High Road, East Finchley, London, N2 9ED, United Kingdom
Str. Armeneasca 28/1, office 1, Chisinau MD-2012, Republic of Moldova, Europe
Managing Directors: Ieva Konstantinova, Victoria Ursu
info@omniscriptum.com

Printed at: see last page
ISBN: 978-613-8-35430-7

Vorträge zur Kontemplation

Inhaltsverzeichnis

Was ist Kontemplation?

Kontemplation hat als Ziel, zur Ruhe, zu sich selbst und zu Gott, zur Geistesgegenwart zu kommen. In der Kontemplationsübung oder dem kontemplativen Gebet meditiert man nicht über etwas und denkt auch nicht über etwas nach, sondern es geht darum, einfach da zu sein – nur das. Da zu sein, egal, was man tut – ob man sitzt, steht oder geht, ob man arbeitet oder sich ausruht. Das klingt sehr einfach – machen wir denn den ganzen Tag nichts anderes, als da zu sein? Wer genau hinschaut, erfährt bald, dass er oder sie geht, steht, sitzt, in Wahrheit aber oft mit den Gedanken ganz woanders ist.

Die Einübung der Gegenwärtigkeit ist am leichtesten bei einer einfachen Tätigkeit, z.B. beim Sitzen, möglich. Es ist günstig, sich aufrecht auf einen Stuhl oder ein Bänkchen zu setzen, so dass der Atem frei fließen und sich vertiefen kann. Die Hände ruhen entweder auf den Beinen oder formen eine Schale. Um die Gegenwärtigkeit und die Sammlung zu fördern, richtet sich die Aufmerksamkeit auf den Atem oder ein Wort, das innerlich wiederholt wird. Es sollte ein kurzes Wort sein, möglichst mit einem oder mehreren tiefen Vokalen, wie z.B. Shalom, Jehoshua, Love, Amour. Manche Menschen zählen lieber von eins bis zehn, immer wieder von vorn, um in der inneren Sammlung zu bleiben.

Dieses Wort, dieser Fokus, wird zu einem Geländer oder einem Anker auf dem Weg in die Tiefe, in die Weite, in die Mitte. Im achtsamen Sitzen überlässt sich der Mensch der Stille und damit auch dem Raum, der noch jenseits der Stille zu finden ist. Es ist ein Raum, der nicht örtlich zu denken ist. Eine oft zunächst unbestimmte Sehnsucht nach Ganzheit, Heilung, nach Gott ist der Motor, der hilft, den Weg in heiterer Entschlossenheit zu gehen. Jeder und jede muss diesen Weg natürlich selbst und für sich gehen, aber es ist gut und wichtig, auch das Gespräch mit jemandem zu suchen, der damit schon Erfahrung hat, oder sich einer Gruppe anzuschließen und sich dadurch stärken und bestärken zu lassen.

Der Weg der Kontemplation ist ein Weg der Wandlung. Die Sicht auf die eigene Person, die eigene Biographie, auf andere Menschen, auf das Weltgeschehen, auf Krankheit und Gesundheit, die Bedeutung von Religion und Spiritualität verändern sich. Aus der Stille der Sammlung erschließen sich manchmal auch vergessene oder neue kreative Möglichkeiten.

Der Weg der Kontemplation ist vergleichbar mit einem wiederentdeckten Pilgerweg. Das wurde mir sehr deutlich, als ich vor einigen Jahren an der Einweihung oder Wiedereröffnung des North-Wales Pilgrim Way teilnahm und einige Etappen mitging.

Ein Geistlicher der walisischen Kirche und seine Frau brachten aus der Erfahrung ihres Pilgerns durch Nordspanien nach Santiago die Idee mit, doch auch den alten Pilgerweg durch den Norden von Wales von Holywell nach Bardsey Island, einer kleinen Insel ganz im Westen, dem damaligen „Ende der Welt", wiederzubeleben und so für die Menschen vor Ort einen Impuls zur Belebung der Spiritualität zu setzen und auch anderen einen Weg zur Gotteserfahrung zu eröffnen. Auf der Insel kann man sich heute wieder als Einsiedler/in auf Zeit niederlassen.

Bei der Eröffnungswanderung gab es eine Gruppe von ca. zwölf Personen, die den harten Kern bildeten und tatsächlich den gesamten Weg in elf Tagen zurückgelegt haben. Ihr Gehen und ihre Beständigkeit haben den Weg erst wieder ins Leben gerufen. Immer gab es die Einladung und auch Möglichkeit, sich anzudocken, und die Freundlichkeit der einzelnen Pilger und auch die Selbstverständlichkeit, mit der die Gruppe einen fürchterlichen Regentag überstand, machten das Mitgehen leicht, machten auch Lust, sich anzuschließen.

In der Kontemplation ist es so wie auch beim Pilgern: Manche wissen viel darüber, haben zahlreiche Bücher gelesen und kennen sich aus in der Geschichte des Pilgerns, manche verkleiden sich als mittelalterliche Pilger und ziehen die Kameras auf sich, und manche gehen den Weg, Schritt für Schritt, egal, was kommt. Gerade wenn es schwierig wird, bleibt nur eins, einfach gehen.

Dass der Weg erst im Gehen unter den Füßen wächst, war bei diesem Eröffnungsgang besonders augenfällig. Die Wanderwege dort, selbst wenn sie auf der Karte eingezeichnet sind, ähneln nämlich nur selten unseren oft breit ausgebauten Pisten. In der Regel führen sie über Weideflächen mit Schafen oder Kühen. Manchmal gibt es auch Bullen. Oft muss man ein Gatter öffnen oder einen „stile", einen Zauntritt, überklettern. An einem Ende des Feldes kann man oft nicht überblicken, wo der Zauntritt am anderen Ende ist. Manchmal sind die Wege so überwachsen, dass man ausweichen und einen ganz neuen Weg finden muss. Je mehr Menschen einen solchen Weg gehen, desto leichter ist es auch für einen selbst. Die Pilgergruppe, mit der ich unterwegs war, verstand sich auch in ganz konkreter Hinsicht als Wegbereiter. Manche hatten Gartenscheren und jemand zu meinem großen Erstaunen sogar eine einklappbare Säge dabei, die tatsächlich zum Einsatz kam, als ein riesiger Ast sehr tief über einem Zauntritt hing und man nicht hinüberklettern konnte, ohne sich den Kopf zu stoßen.

Die Strecke wurde von der Gruppe mit dem Logo des Pilgerwegs markiert, so dass andere den Weg leichter finden und sich orientieren können. Es hat natürlich einen eigenen Reiz, immer wieder allein einen Weg zu finden, aber es ist auch sehr mühsam. Ich war jedenfalls denjenigen sehr dankbar, die die Tücken des Weges erkundet hatten und Hilfestellung und Orientierung geben konnten.

Unterwegs auf dem nordwalisischen Pilgerweg kann der Blick sehr weit in die Ferne schweifen, oft in alle Richtungen, also 360 Grad im Umkreis, bis zum Meer einerseits und zum Hochgebirge andererseits. Den Regen sieht man kommen und auch wieder gehen. Ganz so, wie wir auch das Kommen und Gehen der Gedanken im stillen Sitzen erfahren können.

Auf dem Weg scheint das Licht manchmal von oben und manchmal aus der Erde zu kommen. Manchmal wandert man in einer Wolke, und dann wieder lösen sich die Schleier, und der Horizont wird unendlich weit. Man weiß einfach: Himmel und Erde sind eins. Am Ende dieser keltischen Pilgerreise fährt man mit dem Boot zur Insel Bardsey, dem äußeren Ziel der Reise an der Westküste, wenn es das Wetter erlaubt. Bei stürmischer See kann es auch sein, dass man ein oder zwei Tage warten muss, kurz bevor man sich schon am Ziel glaubt. Die Insel selbst bietet keine spektakulären Kunstwerke, Gebäude oder Naturschönheiten. Es gibt eine kleine Kapelle – dunkel, leer. *Be still and know that I am God* lautet die Einladung.

Unser Weg der Kontemplation, unser Stillsein, ist auch so etwas wie eine Reise, eine Reise nach innen. Wir können froh und dankbar sein, dass andere diese Reise schon gemacht haben. Sie kennen die Schwierigkeiten, Widerstände, Ängste und können ermutigen, manchmal auch erneut auf den Weg hinweisen. Gerade weil unser Weg ein wegloser Weg ist, hilft es manchmal, so einen konkreten Pilgerweg zu gehen und zu erleben. Er ist voller Analogien für diejenigen, denen ein Denken in Bildern hilfreich ist.

Die Reise, auf die wir uns in der Kontemplation machen, ist sicherlich eine Lebensreise. Es tut gut zu wissen, dass wir zusammen unterwegs sind.

I. Auf dem Weg mit den Wüstenvätern und –müttern

1. Mehr als alles aber hüte dein Herz, denn von ihm geht das Leben aus.

Die spirituelle Bewegung, die wir mit der Bezeichnung Wüstenväter und -mütter zusammenfassen, meistens ist sogar nur von Wüstenvätern die Rede, war recht komplex. Auf sehr unterschiedliche Weise haben Männer und Frauen versucht, sich selbst und Gott zu finden. Gemeinsam ist ihnen das Verlassen der Stadt und der Aufenthalt in der Wüste. Eine einheitliche Lehre gibt es nicht. Wollte man aber trotzdem etwas nennen, in dem man alle Ansätze wiederfinden könnte, so wäre es wohl der Vers aus dem Buch der Sprüche des Alten Testaments:

Mehr als alles aber hüte Dein Herz, denn von ihm geht das Leben aus.

Wegen seiner grundsätzlichen Bedeutung habe ich ihn als Motto für unsere Tage der Kontemplation in Gorze gewählt, und eine eingehendere Betrachtung soll uns in die Weisheit des Verses und gleichzeitig auch in die Lebensweise der Wüstenväter und -mütter einführen.

Mehr als alles aber hüte dein Herz, denn von ihm geht das Leben aus.

Betrachten wir diesen Satz einmal Schritt für Schritt. Im Zentrum des Verses steht das Herz. Es ist auf der biologischen Ebene das Organ, dessen unaufhörliche Tätigkeit gleichzusetzen ist mit unserem Leben, denn wenn das Herz aufhört zu schlagen, bedeutet das auch das Ende unseres Lebens in diesem unseren Körper. Auf einer zweiten Ebene steht das Herz für unsere Gefühlswelt, für die Emotionen. Wir sprechen davon, dass uns das Herz aufgeht, das Herz bricht, von Herzeleid. Jemand ist uns ans Herz gewachsen, und wir grüßen einander herzlich und von Herzen. Auf der geistigen Ebene sprechen wir von der Herzensmitte und verstehen darunter das, was uns aus der Mitte lebendig macht. In alten Vorstellungen ist das Herz der Wohnort Gottes. Religiöse Darstellungen wollen das zum Teil in besonderer Weise ausdrücken, wie z.B. Marienikonen, wo das göttliche Kind genau an diesem Bereich der Herzensmitte im Innenraum Mariens dargestellt ist (vgl. auch Herz-Jesu-Darstellungen). Die östlichen Philosophien nehmen in der Mitte der Brust ein eigenes Energiezentrum an, das Herzchakra. Auch das Herzensgebet gehört hierher.

Nicht umsonst hat sich das Herzensgebet als eine der innigsten Gebetsformen ausgeprägt. Manche nennen es sogar das Herz allen Betens. Es ist ein Gebet, das sich selbst spricht. Die Wiederholung eines Wortes oder eines Satzes, oft des Namens Jesu. Das geschieht in der Überzeugung, dass Gott nicht so sehr durch diesen Namen angerufen wird, sondern vielmehr in diesem Anruf bereits gegenwärtig ist.

Die neueste Naturwissenschaft vermittelt uns, dass die Welt, wie wir sie wahrnehmen, keine objektive Größe ist, sondern dass unsere Wahrnehmung maßgeblich nicht nur von unseren rein biologischen Voraussetzungen wie Gehirnstrukturen, Nerven, Fähigkeiten von Augen und Ohren, sondern auch und gerade von unseren Emotionen und Gedanken abhängen. Wenn wir also aus unserem Herzen eine Mördergrube machen, dann gestaltet das unsere Welt – wenn wir unser Herz in Liebe und Dankbarkeit öffnen, dann gestaltet das unsere Welt bis hinein in die Zusammensetzung der Moleküle, wie man besonders bei der Erforschung des Wassers festgestellt hat.

Was unsere spirituellen Vorfahren nur intuitiv wussten, das kann jetzt die Naturwissenschaft zum Teil experimentell nachweisen. So hängen z.B. Forschungsergebnisse im subatomaren Bereich anscheinend davon ab, welches Ergebnis die Forscher erwarten.

Das Herz hüten – welch außerordentliche Bedeutung bekommt diese Tätigkeit, wenn ich weiß, dass dort in meinem Herzen, durch meine Gedanken und Gefühle, die Welt gestaltet wird.

Mehr als alles aber hüte dein Herz, denn von ihm geht das Leben aus.

Das ist eine der ältesten Weisungen unserer jüdisch-christlichen Tradition, deren Inhalt wir auch im Gewand einer Zen-Geschichte kennen.

Der Schüler fragt den Meister, was am wichtigsten ist. Und die Antwort lautet: „Achtsamkeit." Der Schüler kann gar nicht glauben, dass das alles sein soll, und fragt noch einmal, ob denn da nicht noch etwas dazu gehöre. Darauf der Zen-Meister: „Achtsamkeit, Achtsamkeit." Und auf eine dritte Nachfrage sagt der Meister: „Achtsamkeit, Achtsamkeit, Achtsamkeit."

Er braucht nichts hinzuzufügen, weil in der Achtsamkeit alles steckt. Achtsamkeit bedeutet nicht: „Aufpassen!", „Nichts verkehrt machen!", sondern ***da sein***. Wir könnten auch in der Formulierung von Johannes vom

Kreuz sagen: „Liebendes Aufmerken, liebendes Aufmerken, liebendes Aufmerken."

Mehr als alles hüte dein Herz – zärtlich, energisch, freundlich, wachsam.

Hüten heißt nicht zwingen, Gewalt antun. Vor meinem inneren Auge sehe ich eine Szene, in der jemand Schafe hütet, einerseits ein harter Job, andererseits denke ich auch an vielleicht romantisierende Bilder von Hütejungen, die im Gras sitzen und sich an der Natur erfreuen und doch jedes einzelne Schaf oder jede einzelne Ziege im Blick haben.

Mehr als alles aber hüte dein Herz, denn von ihm geht das ***Leben*** *aus.*

Das umschreibt auch unsere Übung und deren Bedeutung. Sie ist ***lebenswichtig*** und sie hat deshalb auch ganz selbstverständlich einen Platz in der christlichen Religion, wo wir vom lebendigen und lebendig machenden Gott sprechen.

Im 4./5. Jahrhundert n. Chr. kam es zu einer Art religiöser Neuorientierung. Das Christentum war seit 392 im römischen Reich Staatsreligion, und mehrere Konzilien, z.B. die von Nicäa und Chalkedon hatten eine Festlegung der Glaubensinhalte beschlossen. Die Kirche wurde zu einer immer stabileren, hierarchisch organisierten Struktur, obwohl dem Bischof von Rom damals noch nicht die heutige Bedeutung zukam. Es hatte also viele Festlegungen und Neuerungen im äußerlichen Bereich gegeben. Bis dahin galten die Märtyrer, die Blutzeugen, als vollkommene Christen, weil sie ihren Glauben mit dem Leben bezeugten. Das war jetzt nicht mehr notwendig. Wer verkörperte also jetzt den idealen oder wahren Christen?

Es entstand eine Bewegung, die neu nach innerer Orientierung suchte. Besonders Männer und Frauen in Palästina und Ägypten glaubten, dass sie die Botschaft des Evangeliums nur umsetzen könnten, wenn sie in die Wüste gingen. Sie wollten von innen her echte Christen sein und glaubten, dass ein äußerliches Verlassen des Wohnortes in der Stadt auch eine innerliche Veränderung befördern könnte. (Ganz nach dem etwas flapsigen Motto: „Ich bin dann mal weg.") Die meisten gingen aber nicht, um dann nach kurzer Zeit wieder zurückzukehren, sondern um an diesem anderen Ort zu bleiben. Dieser andere Ort, das war für sie die Wüste. Ein Ort, der schon traditionell in der Antike und der jüdisch-christlichen Tradition eine große Bedeutung als Gegenort hatte. Stichworte wären der Zug des Volkes Israel durch die Wüste nach der Befreiung aus der ägyptischen Sklaverei,

Ort der größten Heimsuchungen und Prüfungen, Wüste als Stätte der direkten Führung und Nähe Gottes, der Aufenthalt von Johannes und Jesus in der Wüste. Wüste war der Ort der Versuchung, auch der Ort, wo der Mensch alle Sicherheiten zurücklässt, und Symbol der Heimatlosigkeit. In der damaligen Zeit galt die Wüste auch als Wohnsitz der Dämonen, heute würden wir vielleicht sagen, die Wüste bot eine großartige Projektionsfläche für jegliche Art von Schatten. Die Wüste galt aber auch als Ort, an dem man ungehindert von oberflächlichen Ablenkungen ein Leben der Einkehr führen konnte. Sie ermöglichte dem Einsiedler eine ganz radikale Christusnachfolge, indem er sich von allem „entleerte", was ihn an die Welt band.

Der Philosoph Sloterdijk formuliert: „Wer in die Wüste geht, sucht den Raum auf, der sich wie kein anderer dazu eignet, von einem Weltort aus die Welt zu eliminieren. Wüste ist die Option, von der Welt allein den unvermeidlichsten Rest hinzunehmen; in der üblen Welt ist der lebensfeindlichste Ort das geringste Übel. Die Wüste bildet nur noch einen durchscheinenden Film von Seiendem, der die Seelen vor dem unmittelbaren Verschwinden im letzten Grund zurückhält; sie ist das reale Fast-nicht-Sein, das kein Interesse für sich fordert, sondern wie ein leeres kosmisches Therapiezimmer für die Inszenierung der Seele offensteht. Sie ist purer Projektionsraum, in dem die Selbst- und Gotteserfahrung samt dem, was sie stört und hintertreibt, zum Auftauchen gebracht werden kann." (Weltfremdheit S. 84)

Die Menschen, die in die Wüste gingen, lebten dort zunächst als Einsiedler. Einer der ersten war Antonius. Sein Zeitgenosse Athanasius verfasste eine Lebensbeschreibung und machte ihn damit zum Trendsetter. Er porträtiert ihn als idealen mystischen Initianden (vgl. McGinn S. 200). Die Vita besteht aus zwei Teilen. Zunächst wird der mystische Weg des Antonius beschrieben, und der zweite Teil erzählt von seiner Weisheit und seinen wunderbaren Fähigkeiten.

Antonius, ein Waisenknabe von relativem Wohlstand, hatte ein Bekehrungserlebnis, als er die Botschaft des Evangeliums von der freiwilligen Armut hörte. Er ging zu einem älteren Asketen aus der Nachbarschaft seines Dorfes, denn, so die Vita, „damals gab es in Ägypten noch nicht so zahlreiche Klöster, und von der großen Wüste wusste der Mönch überhaupt nichts; jeder, der an seiner Vervollkommnung arbeiten wollte, übte sich darin nicht weit von seinem Heimatort, und zwar allein."

Die Übung (Askesis) des Antonius besteht vor allem im Kampf gegen innere und äußere Dämonen, die er, so heißt es, mit Christi Hilfe besiegt. Dann verlässt er die Gemeinschaft, zieht sich in die Wüste zurück, um den Kampf 20 weitere Jahre fortzusetzen. Dann kommen seine Freunde, brechen die Tür seiner Behausung auf und holen den umgewandelten Antonius ans Licht. Wir lesen: „Da trat Antonius wie aus einem Heiligtum hervor, eingeweiht in tiefe Geheimnisse und gottbegeistert." Obwohl er ohne Bewegung gelebt hat, hat sein Leib das gleiche Aussehen wie vorher, es gibt keinerlei Spuren vom Fasten, und er macht einen völlig ausgeglichenen Eindruck: „Die Verfassung seines Inneren aber war rein; denn weder war er durch den Missmut grämlich geworden noch in seiner Freude ausgelassen, auch hatte er nicht zu kämpfen mit Lachen oder Schüchternheit. [...] Er war ganz Ebenmaß." Antonius wird als erneuerter Mensch, als neuer Adam porträtiert. Er kann heilen, stiftet Frieden und besitzt vor allen Dingen die Gabe der Unterscheidung der Geister.

Die Weltflucht und die Ideale des Wüstenlebens, die in der Nachfolge des Antonius für viele Menschen wegweisend waren, bargen natürlich auch eine Problematik in sich. Wenn es notwendig war, die Welt zu fliehen, sexuell enthaltsam, asketisch und kontemplativ zu leben, um ein wahrer Christ zu sein, dann war die Universalität des Christentums in Frage gestellt. Denn diese Lebensweise war nur möglich, wenn man sich entschied, Mönch zu werden. So wurde die große Bewegung der Zeit einerseits zur Wiege des westlichen Mönchtums, das ganz wesentlich die Entwicklung unserer abendländischen Kultur und Spiritualität vorangetrieben hat, andererseits galt nur ein kleiner Teil der Menschheit, nämlich Mönche und Nonnen, als ideale Christen, und der Gegensatz zwischen weltlichem und geistlichem Leben wurde stark betont. Tendenzen zur Verachtung von Welt und Leib – ganz im Gegensatz zur Vorstellung von der Inkarnation des Wortes – konnten gestärkt werden. (Es ist sehr interessant und wichtig, dass der Begriff Logos – also „das Wort", nur zu Beginn des Johannesevangeliums auftaucht und dann nicht wieder: „Im Anfang war das Wort und das Wort war bei Gott und Gott war das Wort und das Wort ist Fleisch geworden." Man kann das so deuten, dass das Wort ganz im Fleisch aufgegangen ist. Leib und Geist gehören zusammen. Die literarische Form verdeutlicht: Inkarnation hat stattgefunden.) Ein Leben in völliger Entsagung würde also dem christlichen Geist sogar widersprechen.

In der Wüste lebten manche als Einsiedler (Anachoreten), manche schlossen sich aber auch zu Gemeinschaften zusammen, sie wurden als Konoibiten bezeichnet. Mancher Einsiedler zog, wenn zu viele Menschen in der Nähe schienen, weiter in die Wüste. Das Leben war in jedem Fall radikal einfach. Man lebte in einer Höhle oder baute sich eine einfache Hütte. Den Lebensunterhalt verdienten sich viele mit Handarbeit, also z.B. mit Seilflechten, das war die Haupterwerbsquelle. Manche flochten Körbe, es gab Feldarbeit, und vereinzelt wurden auch Bücher abgeschrieben. Auch vom Töpfern ist die Rede. Die Waren wurden dann auf dem Markt verkauft. Im Allgemeinen stand jeder für sich allein. Es scheint sich aber in Laufe der Zeit eine wirtschaftliche Organisation herausgebildet zu haben. Man hört z.B. von Verwaltern und von solchen, die die Produkte von anderen zusammentragen und auf dem Markt verkaufen. (Weisung der Väter S. 458) Der Tageslauf orientierte sich an einer Geschichte, die man sich über Antonius erzählte, und schon hier kann man das spätere benediktinische *Ora et Labora* erkennen:

Als der Altvater Antonius einmal in verdrießlicher Stimmung und mit düsteren Gedanken in der Wüste saß, sprach er zu Gott: „Herr, ich will gerettet werden, aber meine Gedanken lassen es nicht zu. Was soll ich in dieser meiner Bedrängnis tun? Wie kann ich das Heil erlangen?“ Bald darauf erhob er sich, ging ins Freie und sah einen, der ihm glich. Er saß da und arbeitete, stand dann von der Arbeit auf und betete, setzte sich wieder und flocht an einem Seil, erhob sich dann abermals zum Beten; und siehe, es war ein Engel des Herrn, der gesandt war, Antonius Belehrung und Sicherheit zu geben. Und er hörte den Engel sprechen: „Mach es so und du wirst das Heil erlangen.“ Als er das hörte, wurde er von großer Freude und mit Mut erfüllt und durch solches Tun fand er Rettung.“ (Weisungen, 1)

Arbeit wurde als sehr wichtig für die geistige Gesundheit angesehen. Von einem Abbas heißt es, dass er so weit von Märkten entfernt wohnte, dass es ihm unmöglich gewesen wäre, seine Sachen zu verkaufen. Er stellte aber trotzdem etwas her und zerstörte es nach einiger Zeit wieder. Das Arbeiten an sich war wichtig, aber - jeder sollte so arbeiten, als ob es eine Nebentätigkeit wäre.

Mehr als alles aber hüte dein Herz, denn von ihm geht das Leben aus.

Das ist ein alttestamentlicher Vers. Die Wüstenleute hatten zwar keine gemeinsame Regel oder Lehre, orientierten sich aber weitgehend an der Heiligen Schrift. Viele kannten große Teile auswendig. Manche beginnen auch ihr Wüstenleben, weil sie Teile der Schrift ganz auf sich beziehen, z.B. die Geschichte von dem jungen Mann, der Jesus fragt: „Was soll ich tun, um das Himmelreich zu erlangen?“ Die Antwort Jesu: „Verkaufe, was du hast, und folge mir nach“ bezogen sie wörtlich auf sich und handelten so wie z.B. Antonius.

Der Vers: *Mehr als alles aber hüte Dein Herz* stammt aus der Sammlung der Sprüche und könnte Teil von einem Dialog sein. Jemand hat gefragt, was ist denn das Wichtigste, und bekam darauf zur Antwort: *Mehr als alles aber hüte dein Herz, denn von ihm geht alles Leben aus.*

Hier kommen wir zu einem weiteren wichtigen Aspekt. Die Wüstenväter und -mütter wurden von suchenden Menschen um ein Wort gebeten. Viele überlieferte Texte enthalten die Bitte: *Sage mir ein Wort,* und dann kommt eine wegweisende Antwort, zum Beispiel: *„Schweige, und vergleiche dich nicht mit anderen.“* (W 165) *„Tue keinem etwas Böses und urteile über niemand! Das beachte, und du wirst das Heil finden.“* (W. 481) Im konkreten Tun und in der Treue zum Tun erfolgt Wandlung. *„Wenn er etwas sah und sein Herz über die Sache urteilen wollte, sprach er zu sich: „Agathon, tu das nicht! Und so kam sein Denken zur Ruhe.“* (W 100)

Amma Theodora sagte über die Schwierigkeiten bei der Übung: *„Es ist gut, die Herzensruhe zu pflegen [...] Aber wisse: Wenn wir die Herzensruhe anstreben, kommt sofort der Feind und beschwert die Seele mit Unmut und kleinmütigen Gedanken. Er beschwert auch den Leib mit Schwächlichkeit, Nachlassen der Spannkraft, Schlaffheit der Knie und aller Glieder. Er bricht die Kraft der Seele und des Leibes. Dann sagt sich ein Mensch: Weil ich krank bin, kann ich den Gottesdienst nicht besuchen. Wenn wir aber wachsam sind, löst sich alles auf.“* (W 311)

Der Schüler/die Schülerin **erbittet** ein Wort (Logion). Nie wird es ohne vorherige Bitte gesagt. Denn die Abbas und Ammas wussten, wie kontraproduktiv eine ungefragte Belehrung sein kann. So war Abbas Poimen der Ansicht: *„Den Nächsten belehren ist das gleiche wie ihn anklagen.“* (W 731)

Es ist nicht irgendein Wort, das die Wüstenväter und -mütter sagen, sondern ein geisterfülltes Wort. Es gibt dem Einzelnen Antwort auf eine konkrete Frage und eine konkrete Not. Es hat nicht den Charakter einer allgemeinen Regel oder Allgemeingültigkeit, obwohl sich auch andere davon angesprochen fühlen können. Der Abbas oder die Amma verkündet also kein Gebot, sondern antwortet in einer Situation. Einer anderen Person gegenüber oder in einer anderen Situation hätte die Antwort durchaus auch anders lauten können. Die Unterweisung vollzieht sich also in einem sehr individuellen und dialogischen Rahmen. Auf die Frage: „Was soll ich tun, wenn mich die Dämonen bedrängen?", bekommt der eine die Antwort: „Schicke sie energisch weg und lasse sie auf keinen Fall in dein Haus." Und der andere: „Lass sie in dein Haus, sieh, welche Kraft in ihnen steckt, und schließe sie der Kraft in dir an."

Die Meister wurden Abbas und Amma genannt, Vater und Mutter. Das hat nicht unbedingt etwas mit ihrem Alter zu tun, sondern es handelt sich um eine Art Ehrentitel.

Evagrius Pontikus erläutert das wie folgt:

„Was die geistlichen Väter betrifft, so werden sie sicherlich nicht deshalb „Väter" genannt, weil sie vielen vorstehen. Andernfalls könnte man ja auch die Tribunen „Väter" nennen. Väter sind vielmehr jene, die die Gabe des Geistes besitzen und viele für die Tugend und die Erkenntnis Gottes zeugen." (Manshausen S. 33)

Mit dem Namen Vater oder Mutter wird auch die Art des Verhältnisses von Lehrer und Schüler angedeutet. Die Ratsuchenden verstehen sich als Sohn oder Tochter, und das Gegenüber steht in einem väterlichen oder mütterlichen Fürsorgeverhältnis. Außerdem sollen sie Vorbild sein und ermutigen. Dass das nicht immer der Fall war, lässt sich aus einem Spruch von Abbas Poimen erkennen. *„Er sprach* (kritisch über Lehrer): *Viele sind mächtig geworden, aber nur wenige spornen an."* (W 707)

Es ist interessant, dass wir heute lieber von einem geistlichen Begleiter/einer geistlichen Begleiterin und nicht mehr von einem geistlichen Vater oder einer geistlichen Mutter sprechen.

Im Gegensatz zu dem, was aus vielen Zen-Texten spricht, handelt es sich bei dem Gespräch zwischen Lehrer und Schüler in der Wüste nicht um ein Geistesgefecht, bei dem der Bewusstseins- oder Erleuchtungsstand getestet wird oder das nur verstanden werden kann, wenn das Alltagsbewusstsein überstiegen wird, sondern um allgemeinverständliche Weisungen zum Handeln, die es im Zen allerdings auch gibt. Zum Beispiel: „Was soll ich tun?" „Iss Deinen Reis, wasche Deine Reisschale." Auch hier geht es nicht um eine Theorie oder einen Glaubenssatz, sondern um Achtsamkeit in allem, was man tut.

Die Wüstenväter und -mütter waren, von ganz wenigen Ausnahmen abgesehen, keine Schriftsteller und Theologen und haben auch keine langen Reden gehalten. Wir wissen von der Mehrheit durch die Überlieferung ihrer Weisungen oder Sprüche. Zunächst wurden sie wohl mündlich weitergegeben, bis dann jemand begonnen hat, sie zu sammeln. Ich stelle mir vor, dass die diversen Schüler, genauso wie heute auch, sich gegenseitig davon erzählt haben, wann ihnen eine Weisung weitergeholfen hat. Das muss nicht immer eine bedeutsame Aussage gewesen sein, aber eine, die einen genau im richtigen Augenblick getroffen, vielleicht sogar umgeworfen, in jedem Falle aber weitergebracht hat. In Verbindung mit der Erinnerung an die Person, die diese Weisung gab, wird sie weitererzählt. Das kennen wir auch. Ich weiß noch gut, wie ich einmal am Benediktushof nach Kursende zusammen mit anderen am Ausgang stand. Wir hatten ein Taxi bestellt. Da kommt Pater Willigis zufällig vorbei und sagt schmunzelnd: „Steht ihr oder wartet ihr?“ Wir hatten ihn nicht um ein Wort gebeten, aber sein Satz ist mir bis heute in Erinnerung, und er ruft sich in Erinnerung, wenn ich z.B. länger an einer Ampel stehe oder in einer Warteschlange. Wenn mir dieses Wort in Erinnerung kommt, dann muss ich schmunzeln, und ich stehe da, wo ich bin, und bin nicht darauf fixiert, wann es denn endlich weitergeht, endlich grün wird.

Bei einem Qigong-Kurs erzählte eine Frau, dass sie eine Übung gemacht habe, und dann hätten ihre Hände angefangen zu zittern und sie habe gar nicht aufhören können. Die Reaktion von Roswith, der Kursleiterin, ist mir bis heute in Erinnerung. „Du kannst ‚stopp‘ sagen.“ Unsere Kontemplationslehrerin Wilma Alfs sagte oft, wenn man etwas Bedrückendes berichtet hatte: „Nimm es zur Kenntnis und geh weiter.“ Oder wenn es etwas Schönes war: „Freu dich dran und geh weiter. Bleib nicht stehen.“

Mehr als alles aber hüte dein Herz, denn von ihm geht das Leben aus.

Das ist die Einladung und die Weisung der Wüstenväter und -mütter auch für heute, für uns und für jetzt.

2. Setz Dich in Dein Kellion, es wird dich alles lehren.

Heute soll es um die Gebetspraxis der Wüstenväter und -mütter gehen. Diese Menschen lebten vor ca. 1500 Jahren. Ihre Vorstellungen und auch ihre Sprache sind natürlich zeitgebunden und für uns Heutige oft sperrig. Was können sie uns im 21. Jahrhundert trotzdem sagen?

Der Theologe Eugen Biser beobachtet einen grundsätzlichen Wandel im Glaubensverständnis in unserer Zeit. Er spricht von einem Paradigmenwechsel

- vom Satz- zum Verstehensglauben,
- vom Wissens- zum Erfahrungsglauben,
- vom Gehorsams- zum Vertrauensglauben.

In diesem Kontext scheinen die Wüstenväter und -mütter als Männer und Frauen der Praxis und des konkreten Tuns und Erfahrens in der Wüste wieder für viele interessant geworden zu sein. Neuere Übersetzungen der alten Texte, der *Apophthegmata Patrum*, so heißt die Sammlung der Sprüche und der Weiterführung von Cassian, aber auch der Werke von Evagrius Pontikus, dem Philosophen unter den Wüstenvätern, haben dazu beigetragen. Erst kürzlich, im Jahr 2004, wurde eine neue Übersetzung des *Meterikon*, einer Sammlung von Weisheiten der Wüstenmütter, herausgebracht.

Was aber war nun die Gebetspraxis? Die Lebenspraxis? Da es keine ausgesprochene Lehre gibt, außer bei Evagrius, von dem an anderer Stelle die Rede sein soll, gibt es nur die Möglichkeit, indirekt aus den kleinen Geschichten und Anekdoten auf die Praxis zurückzuschließen. Verschiedene Autoren, die sich mit der Praxis der Wüstenleute befasst haben, sind dabei, je nach eigener Erfahrung, zu unterschiedlichen Ergebnissen gekommen.

Manche meinen, es hätte gar keine bestimmte Gebetspraxis gegeben. Die Hauptsache sei gewesen, in der Wüste auszuharren und ein asketisches, d.h. sehr karges und enthaltsames Leben zu führen. Dass es zu dieser Ansicht kommen konnte, hängt damit zusammen, dass diese Autoren wahrscheinlich nicht wissen, was es bedeutet, wenn im Zusammenhang der Wüstenväter und -mütter vom ***Sitzen*** die Rede ist. Wenn wir vom Sitzen sprechen, z.B. von der Grundübung des Sitzens, oder wenn wir sagen, es ist gut, morgens zu sitzen, dann macht das für jemanden, der die Gebetspraxis des kontemplativen Sitzens nicht kennt, überhaupt keinen Sinn, und so haben manche Übersetzer das Wort „sitzen“ als „wohnen“ oder „sich aufhalten“ aufgefasst.

Aber es gibt auch andere Stimmen zur Gebetspraxis der Wüstenväter und -mütter, allen voran die von Franz Dodel, dessen akribischer und interessanter Forschungsarbeit ich viele Einsichten verdanke, die auch hier in meine Ausführungen einfließen werden.

Von Abbas Moses, einem sehr angesehenen Mönch aus Äthiopien, der in seinem vorhergehenden Leben übrigens ein Räuberhauptmann war, stammt das Wort: ***Setz dich in dein Kellion und es wird dich alles lehren.*** Er war ein sehr angesehener Mönch, ein Äthiopier, der ursprünglich Sklave war, wegen Diebstahls fortgejagt wurde, sich dann einer Räuberbande anschloss, deren Hauptmann er wurde, bis es zu seiner Bekehrung kam. Er wurde mit 75 Jahren ermordet, als es 410 zu Plünderungen von Klöstern in der Wüste Sketis kam. Er leuchtete besonders durch seine Demut hervor. (Weisung der Väter S. 478)

An anderer Stelle sagt Abbas Hierakas:

Bleibe in deinem Kellion sitzen; wenn du Hunger hast, iss, wenn du Durst hast, trinke, aber rede nichts Schlechtes über einen anderen, so wirst du gerettet. Setz dich in dein Kellion und es wird dich alles lehren, bleibe dort.

Dieser Rat findet sich in vielen Variationen, aber drei Worte, drei Aspekte, scheinen zusammenzugehören: das Kellion, das Sitzen und das Gelehrt- oder Gewandelt-Werden. Darin sind sich die Leute der Wüste einig.

Diesen drei Begriffen: **Kellion**, **Sitzen** und **Lehren** will ich nun einmal im Einzelnen nachgehen.

Das Kellion, übersetzen könnte man es mit Zelle, steht für die Behausung, die Hütte, Grabkammer oder Höhle, die man gefunden oder sich erbaut hat. Es ist also ein ganz konkreter Raum, in dem sich das eigene Leben abspielt. Ein begrenzter Raum, für manche vielleicht wie eine Gefängniszelle, in die sie sich freiwillig begeben, ein Lebensraum, der durch seine Einfachheit und Kargheit die Sammlung auf die eigene Lebenstiefe hin unterstützt. Es ist ein Ort der Abgeschiedenheit, der Rückzugsort vom Vertrauten. Ein Ort, der freigehalten werden soll von Störungen. Es ist der Ort, an dem Wandlung geschieht, ein Ort, an dem man ohne Ablenkung mit sich selbst konfrontiert ist, lernen kann, es mit sich selbst auszuhalten. Ein Ort, an dem Wachstum und Kreativität eine Chance haben.

Oft wird Rückzug als Reduktion, als Einschränkung gesehen. Das ist es aber nur äußerlich und nur zum Teil. Wenn ich mir vorstelle, dass auch viele Frauen in die Wüste gingen, so barg das Kellion, der eigene Raum, gerade für sie noch eine besondere Möglichkeit, und ich will kurz darauf eingehen. Lebensweise und kulturelle Gegebenheiten waren unterschiedlich für Männer und Frauen, damals wie heute, damals sicherlich noch mehr. Für die Frauen war vielleicht das Leben in der Wüste noch härter als für die Männer, und das erklärt sicherlich, warum im Buch der alphabetischen Sprüchesammlung nur drei Frauen namentlich als Ammas genannt werden: Theodora, Sarrah und Synkletika. Gleichzeitig bot der eigene Raum des Kellions aber eine besondere Art von Freiheit: Es war ein eigener Raum, ohne Fremdbestimmung. Was Virginia Woolf im 20. Jahrhundert formuliert hat, galt damals sicher auch. Ihre These war, dass eine Frau zwei Dinge brauche (außer Talent): Geld und ein eigenes Zimmer. „A room of one´s own." Es klingt sehr banal, trifft aber in seiner Einfachheit den Kern der Sache: finanzielle Unabhängigkeit und ein eigenes Zimmer. Auch heute noch verfügen die meisten Frauen nicht darüber. Was es also für eine Frau im 4./5. Jahrhundert nach Christus bedeutete, in die Wüste zu gehen, auf diese Weise sich unabhängig zu machen und im Kellion als dem ganz eigenen Raum zu leben, das können wir heute nur ahnen.

Auch ein Märchen fiel mir in diesem Zusammenhang ein, das Märchen vom *Mädchen ohne Hände*, weil dort der eigene Raum ebenfalls eine entscheidende Rolle spielt. Dort heißt dieser Raum *ein Haus, in dem jeder frei wohnen kann.*

Der Vater einer jungen Frau hat einen Deal mit dem Teufel gemacht. Um reich zu werden, verschenkt er unwissentlich seine Tochter an den Teufel. Wegen ihrer Reinheit und ihrer Tränen kann der Teufel sie zwar im Endeffekt doch nicht bekommen, aber er zwingt den Vater dazu, ihr die Hände abzuhacken, sie also im Handeln und Zupacken zu behindern, und auch später wird der Teufel noch schädigend in ihr Leben hineinfunken.

Das „Mädchen ohne Hände" verlässt das elterliche Haus, in dem es verständlicherweise nicht mehr leben kann. Es gelangt gut beschützt von Engeln zu einem königlichen Garten. Der König entdeckt sie, liebt sie, heiratet sie und lässt ihr künstliche Hände aus Silber machen. Alles scheint gut zu laufen, bis der König einmal verreist. Sie bekommt währenddessen einen Sohn, aber die Briefe, die sie an ihren Ehemann schreibt, werden vom

Teufel vertauscht, ebenso die ihres Mannes, so dass die Briefe immer nur ganz furchtbare Botschaften zu enthalten scheinen: Dass sie einen Wechselbalg geboren hätte oder dass er ihren Tod verlangt und zum Beweis Zunge und Augen sehen möchte.

Darauf verlässt die junge Königin mit dem Kind das Schloss, lebt aber nicht in der Wüste, sondern im Wald in einem Haus, wo über dem Eingang steht: *Hier kann jeder frei wohnen*. Und das beherzigt sie auch sieben Jahre lang. Sie lebt also mit ihrem Kind zurückgezogen in einer Einsiedelei, in einem Kellion könnten wir auch sagen. In dieser Zeit wachsen ihr die Hände wieder nach. Später findet der König sie im Wald – er musste sich sieben Jahre lang auf die Suche machen – und am Ende gibt es ein Wiederfinden, die Versöhnung und ein großes Fest.

In dem *Haus, wo jeder frei wohnen kann*, geschieht Wandlung. Die junge Frau war zwar durch ihre Heirat Königin, aber sie konnte nichts mit ihren eigenen Händen greifen. Obwohl die Schädigung durch den Vater in der Verwöhnung durch den Ehemann, der ihr Hände aus Silber machen lässt, aufgehoben scheint, lebt sie auch dort nicht frei, sondern in Abhängigkeit. Erst nachdem sie im Wald, in dem *Haus, wo jeder frei wohnen kann*, ihr Leben gefunden hat, kann sie als gleichberechtigte Partnerin und wahre Königin leben.

Das ist natürlich nicht nur eine Geschichte über und für eine Frau. Vom Standpunkt einer Sichtweise, die die Archetypen in den Blick nimmt, ist klar, dass es sich hier um die Versöhnung handelt von dem, was C.G. Jung Anima und Animus nennt. Bei der auf Empfangen, Warten, Abhängigkeit, Hilflosigkeit und Schönheit programmierten Seite der Persönlichkeit wächst die Fähigkeit der Eigenständigkeit und des zielstrebigen Handelns buchstäblich nach, und bei der Seite, auf der immer die Initiative, die Entschlusskraft und das gezielte Handeln im Vordergrund steht, muss die abwartende, empfangende Haltung nachwachsen. Beide Teile sind schon da und sind im Märchen auch schon miteinander verheiratet, aber zur wahren Hochzeit, zur Vereinigung der Gegensätze, bei der aber beide Aspekte ihr Gewicht behalten, kommt es erst nach der Zeit im dunklen Wald, in der Abgeschiedenheit.

Bleib in deinem Kellion

Wie bedeutsam für Menschwerdung und Wahrnehmung, für das liebende Aufmerken auch ein erzwungener Aufenthalt in einer Zelle sein kann, illustrieren viele Beispiele aus Politik und Geschichte. Ich will einmal zwei herausgreifen:

Nelson Mandela verbrachte 28 Jahre in Haft. Zum Vergleich: Von Abbas Makarios heißt es, er verließ 30 Jahre lang sein Kellion nicht. Mit ca. 40 Jahren wurde Mandela festgenommen. Er war ein kämpferischer, ungeduldiger junger Mann, bereit seine Ziele auch mit Gewalt durchzusetzen. Die Zeit der Haft, besonders auf Robin Island, wurde für ihn auch zu einer Zeit des inneren Umdenkens. Vom Gewalt bejahenden Widerstandskämpfer wurde er zu einem Frieden stiftenden Staatsoberhaupt. In seiner Autobiographie mit dem bezeichnenden Titel *Der lange Weg zur Freiheit* beschreibt er einige Stationen in diesem Prozess. Seine konkrete Übung im Gefängnis bestand unter anderem darin, auf der Stelle zu joggen. Mit der Zeit erkannte er, dass auch die Gefängniswärter auf ihre Art Gefangene sind und dass es nur einen gemeinsamen Weg in die Freiheit geben könnte.

Sri Aurobindo, der große indische Heilige und Philosoph des 20. Jahrhunderts, erlebte ebenfalls eine radikale Wandlung im Gefängnis, vom politischen Freiheitskämpfer zum Yogi. Während seiner einjährigen Untersuchungshaft im Jahr 1909 erschienen ihm auf einmal alle Beteiligten an seinem Prozess – Ankläger, Richter, Verteidiger, aber auch die Gefängniswärter und selbst der Baum vor seiner Zelle – als Verkörperungen von Vasudeva, Krishna oder Vishnu.

Aurobindo sagte: „Ich blickte auf den Staatsanwalt, und es war nicht der Ankläger, den ich sah, es war Sri Krishna, der dort saß, es war mein Liebender und Freund, der dort saß und lächelte. „Was fürchtest du nun?", sagte er, „Ich bin in allen Menschen und bestimme ihre Handlungen und Worte. Mein Schutz ist immer noch mit dir und du hast nichts zu fürchten." (Dam S. 120)

Jemanden nur einzusperren oder eingesperrt zu sein oder sich an einen ungestörten Ort zurückzuziehen führt allein noch nicht zu Wandlung. Dazu gehört auch eine entsprechende Haltung und Deutung. Jeder von uns fand und findet sich in vielerlei Gefangenschaften oder beengenden Situationen. Was uns die Geschichten und auch die Wüstenmenschen lehren, ist: Es kommt auf die Interpretation an. Im Kellion, in der Abgeschiedenheit, Ungestörtheit, lässt sich eine kontemplative Haltung kultivieren. Manch einer oder eine lernt diese Haltung in der Familie, z.B. in der Pflege eines kranken Angehörigen, in der Ehe mit einem als schwierig empfundenen Partner, in der Auseinandersetzung mit Alter und Krankheit, im Beruf. In Situationen, wo es keinen Ausweg gibt, sorgt das Leben für natürliche Kellions, für Orte, in denen wir ganz mit uns selbst konfrontiert sind und die uns einladen, manchmal auch zwingen, uns auf unsere tiefsten Wurzeln zu besinnen.

Die Wüstenväter und -mütter betrachten das Verweilen im Kellion als lebensnotwendig, und wer sich nicht darauf einlässt, ist z.B. für Antonius wie ein Fisch auf dem Trockenen.

Wenn die Fische auf dem Trockenen bleiben, verenden sie. So auch die Mönche. Wenn sie sich außerhalb des Kellions aufhalten oder sich mit Weltleuten abgeben, dann verflacht die Haltung der Hesychia. Es ist also nötig, dass wir ins Kellion streben wie die Fische ins Wasser, damit wir nicht im Äußeren verweilend die innere Achtsamkeit vergessen. (W 10)

Das Kellion in der Wüste ist zwar ein konkreter Ort, aber er steht natürlich auch für den inneren Raum, den Raum der Stille, den Raum, aus dem Schweigen und Reden entspringen, den Herzensraum, den Raum des inneren Friedens, der Herzensruhe, der Hesychia. Dieser innere Raum soll erweckt und gepflegt werden. Es ist der entscheidende Raum, und der ist nicht an einen konkreten Ort gebunden. Das Ausharren im Kellion wird zum Bild dafür, dass der oder die Suchende in seine rechte Ordnung gebracht wird. (vgl. Dodel S. 67) Am Ende ist klar: Herzensruhe, Gotteserkenntnis sind nicht auf ein äußeres Kellion angewiesen, die unterschiedlichen Qualitäten von innen und außen sind aufgehoben.

Einmal wanderten Altvater Daniel und Altvater Ammoes, und Abbas Ammoes sprach: „Vater, wann werden auch wir einmal im Kellion bleiben?“

Er meint nämlich, nur der Aufenthalt im Kellion bringe einen zum Urgrund und das Wandern sei nur etwas Äußeres.

Abbas Daniel antwortet: „Wer kann uns denn jetzt Gott wegnehmen? Gott ist in und außer dem Kellion.“ (W 187)

Setz dich in dein Kellion und es wir dich alles lehren.

Das Sitzen als Weise der Sammlung und des Gebets ist von wichtiger Bedeutung. Es meint nicht einfach nur ein Sich-Aufhalten. Im ägyptischen Raum war das Sitzen als Gebetshaltung für das Zulassen und Realisieren religiöser Erfahrung schon aus der Zeit der Pharaonen bekannt. Dort gab es das Sitzen als Gebetshaltung auf einem Stuhl oder Thron: „Sie (die Götter) schlagen für ihn (den Pharao) seine Gegner, während seine Majestät in seinem Palast sitzt.“ Hier fühlt sich der Herrscher offensichtlich ganz in der Hand Gottes, ein Bild, das öfter vorkommt: „Wie schön ist es zu sitzen in der Hand des Amun, des Beschützers des Schweigenden, des Retters der Armen (Selbstbezeichnung des Beters), der Luft gibt jedem, den er liebhat.“ Dieses Sitzen in der Hand Gottes gilt als so heilsam, dass es sogar als Fürbitte für den Bösen erscheint: „Richte ihn auf, reich ihm die Hand, setze ihn in die Arme Gottes.“

An einer Stelle erklärt der König seinem Sohn und Nachfolger: „Sitze du nur auf der Matte: Der Weise ist eine Schutzwehr für den Regierenden. Nicht werden ihn angreifen, die sein Wissen kennen, und so geschieht kein Unheil zu seiner Zeit. Die Ma´at kommt zu ihm.“ Ma´at, Tochter des Sonnengottes Re, steht für das umfassende Ordnungsprinzip. (Dodel S. 50)

Hier haben wir also zwei ganz alte Vorbilder des Sitzens. Das Sitzen auf dem Thron und das Sitzen auf der Matte. Beide waren sicherlich auch den Sitzenden in der Wüste bekannt. Sie saßen in der Regel auf dem Boden oder einer Matte. So wie das Kellion als äußerer Rahmen das „In-die-Ordnung-Kommen“ unterstützen sollte, so auch eine bestimmte Haltung des Leibes.

In verschiedenen Metaphern wird erläutert und angeregt, wie man sitzen soll: wie ein *sachverständiger Seefahrer* (W 100), wie einer, der *die wilden Tiere zu bändigen* versteht (W 109), *ohne nachlässig zu werden* (W 108), sondern in ständiger *Achtsamkeit* (W 110), *ohne sich von irgendetwas fesseln zu lassen* (W 115) und vor allem *in Demut* (W 102, W 113) und *nicht schlaff.* (W 108)

Im Kellion sitzend soll man seine Gedanken sammeln. Besonders schön finde ich das Bild, das Amma Synkletika verwendet:

Man soll sitzen wie *ein Vogel, der auf seinem Nest sitzen bleiben muss,* bis die Eier ausgebrütet sind. *Sonst werden sie Windeier und unfruchtbar.* (W 897)

Dass das ausdauernde Sitzen gar nicht so einfach war und ist, davon erzählen viele Situationen in den Sprüchen, weil die Schwierigkeiten Anlass dafür waren, sich bei einem Erfahrenen, einer Erfahrenen, Rat einzuholen.

Ein Spruch, den Poimen von Ammonas überliefert, lautet:

Ein Mensch kann hundert Jahre in seinem Kellion verbringen, und er lernt nicht, wie man im Kellion sitzen muss. (W 670)

Auch damals hatte manch einer den Eindruck, ganz dringend etwas anderes tun zu müssen als zu sitzen.

Ein Bruder, der zur Ernte gehen will, begibt sich aber vorher zu einem berühmten Alten, da er offensichtlich Zweifel hegt, ob es richtig sei, wegzugehen. Der Abbas gibt folgenden Rat: 1. Verzichte auf dein Weggehen. 2. Geh in dein Kellion und halte ein fünfzigtägiges Fasten (täglich nur etwas Brot und Salz). Der Bruder befolgt die Anweisung und wird so in das Kellion als zentralen Ort zurückgeführt. Nach dieser Zeit geht er zum Abbas zurück und erfährt weitere Belehrung, die ihn zutiefst erschüttert. Am Ende erfährt man noch von der erfolgreichen Praxis des Schülers, der in vollendeter Demut souverän seine Gedanken im Zügel zu halten vermag. (vgl. Dodel S. 70)

In einer anderen Geschichte wird ausführlich die Suche eines Bruders nach der rechten Praxis beschrieben.

Einem Bruder, der in der Wüste der Thebais wohnte, kam der Gedanke: „Was sitzt du hier so unfruchtbar da? Auf, geh ins Koinobion, und dort wirst du Frucht bringen." Er stand also auf, kam zum Altvater Paphnutius und teilte ihm seine Gedanken mit. Der Greis sagte zu ihm: „Geh fort und setze dich in dein Kellion. Verrichte ein Gebet am Morgen, eines am Abend und eines in der Nacht. Wenn du Hunger hast, dann iss, wenn du Durst hast, dann trinke, und wenn du Schlaf hast, dann schlafe. Bleibe in der Wüste und lass dich nicht auf den Gedanken ein". [...] Er kam auch zu Abbas Johannes und teilte ihm die Weisungen des Paphnutius mit. Und Abbas Johannes sagte ihm: „Bete überhaupt nicht, nur bleibe in dem Kellion." Und er stand auf, kam zu Abbas Paphnutius und teilte ihm alles mit. Der Greis sprach zu ihm: „Halte fest, was die Väter dir gesagt haben, ich habe dir nicht mehr zu sagen." Völlig zufrieden gestellt ging er von dannen. (W 790)

Der Bruder findet sein Sitzen unfruchtbar und will einfach weg, etwas anderes probieren und holt nun den Rat von verschiedenen Alten ein. Am Ende kehrt er wieder zu seinem ursprünglichen Ratgeber zurück. Die Autoritäten sind sich einig: Das Sitzen im Kellion muss Zentrum der Übung bleiben. Und der Frager kehrt solchermaßen gestärkt zu seiner Übung zurück.

Setz dich in dein Kellion und es wird dich alles lehren.

Die Wüstenväter und -mütter vermitteln nicht eine Lehre, sondern eine Praxis, die sie selbst leben und die somit auch Vorbildcharakter hat. Insofern sind sie natürlich auch Lehrende. Das ist aber nur scheinbar ein Widerspruch zum oben genannten Satz, dass das Kellion einen alles lehren wird.

Was lehrt denn das Kellion die Sitzenden in der Wüste?

Im Sitzen, in der Askese, geschieht Neugestaltung durch einen Klärungsprozess. Dabei übt und erwirbt der/die Übende Eigenschaften, Tugenden, die als entscheidend angesehen werden: Gehorsam gegenüber dem geistlichen Vater/der geistlichen Mutter, Discretio, d.h. die Gabe der Unterscheidung, Demut, Geduld und Nächstenliebe.

Dass man sich in Geduld übt bei dieser Übung, ist offensichtlich. Wie kann man aber Nächstenliebe üben, wenn man doch in seinem Kellion bleiben und die Menschen fliehen soll?

Das Sitzen im Kellion bedeutet, ganz sich selbst aushalten zu müssen, seine Leidenschaften kennenzulernen und zu zähmen, zu klären, zu ordnen.

Und das ist nicht immer so ganz einfach. So meint Abbas Abraham:

Es ist nun kein Wunder, wenn einer, der in der Zelle bleibt, wo die Gedanken gleichsam in dem engsten Verschlusse gesammelt sind, fast erstickt wird von der Menge der Ängste, die aber, sobald sie mit dem Menschen aus dem Gefängnisse der Wohnung hervorbrechen, wie zügellose Pferde überall herumfliegen. (zit. bei Manshausen S. 59)

Manche versuchen sich der Stille zu entziehen, aber das macht es nur noch schlimmer: *Wenn also bei jenen, welche mit den Reizungen ihrer Triebe noch nicht kämpfen können oder wollen, der Überdruss die ungewohnte Brust heftiger angreift, so dass sie in der Zelle voll Angst sind und nunmehr mit Nachlass der strengen Regel sich öfter Freiheit erlauben, herauszugehen, so werden sie sich durch dieses vermeintliche Mittel nur noch eine ärgere Pest aufwecken."* (vgl. Manshausen S. 60)

Die Erfahrung zeigt, dass, wer sich auf diese Weise wirklich kennengelernt hat und wer wirklich allein sein kann, in besonderer Weise fähig ist, mit anderen zu sein und auch Dienste der Nächstenliebe nicht aus Pflicht, sondern tatsächlich als Liebesdienst zu tun. So hilft Arsenios hilft einem Kranken und bezahlt auch seine Medizin.

Als eine weitere Frucht gilt die **Demut.** Sie ist in unserer Zeit etwas in Verruf geraten. Gemeint ist handeln und leben aus der Erkenntnis heraus, dass es etwas Größeres gibt als das kleine Ich, etwas, das mir nicht verfügbar ist. Wer also im Kellion mit seinen Schattenseiten konfrontiert ist, wer erkennt, ich brauche Rat, wer aus diesem Angewiesensein heraus lebt, wissend, dass, was auch immer geschieht, nicht das eigene Verdienst ist, sondern Geschenk, der lebt in Demut.

Abbas Rhomaios sagte: *„Ein Greis hatte einen guten Schüler, aber aus Geringschätzung trieb er ihn mit seinem Mönchsmantel hinaus. Der Bruder blieb aber draußen sitzen. Der Greis öffnete, fand ihn dasitzen, warf sich vor ihm nieder und sagte: „O Vater, die Demut deiner Hochherzigkeit hat meinen kleinen Geist besiegt. Komm herein, von nun an bist du der Greis und Vater, ich bin der Jüngere und der Schüler."* (W 800)

Die Herzensruhe ermöglicht einen Klärungsprozess, und die inneren Energien kommen in ihre Ordnung, man lernt ihre unterschiedlichen Qualitäten kennen, und die Hesychia, die Herzensruhe, in der man dann verweilen kann, vertieft sich.

Also: ***Setz dich in dein Kellion und es wird dich alles lehren.***

3. Des Moses Sanftmut erwähle dir, damit du dein Felsenherz zu Wasserquellen umwandelst.

Der Spruch stammt von Amma Sykletika, einer der drei geistbegabten Frauen, deren Weisungen in die Apophthegmata, die Sammlung der Vätersprüche, aufgenommen wurden. Sarrah und Theodora sind die beiden anderen namentlich bekannten Frauen. Von Sykletika wissen wir allerdings am meisten, da hier die größte Anzahl von Sprüchen überliefert wurde und da es eine Lebensbeschreibung aus dem 5. Jahrhundert gibt, also aus einer Zeit nicht lange nach ihrem Tod. Sie stammte aus einer begüterten mazedonischen Familie in Alexandria, hatte zwei Brüder und eine Schwester. Ebenso wie die Brüder heiratete sie nie, obwohl sie viele Möglichleiten gehabt hätte, sondern zog nach dem Tod der Eltern in eine Höhle bei Alexandria, zusammen mit ihrer blinden Schwester. Das geerbte Vermögen verschenkte sie an die Armen. Im Laufe der Zeit siedelten sich in ihrer Nähe andere Frauen an, und sie war als Ratgeberin geschätzt, wurde wahrscheinlich zu einer Art Äbtissin. Sie starb im Jahr 400 im Alter von 84 Jahren an einer sehr schweren und entstellenden Kehlkopfkrankheit. Die Vita stellt ihr Leben als absolut vorbildlich dar, und ihre Lebensbeschreibung wurde als weibliches Pendant zur Vita des heiligen Antonius aufgefasst.

Das Leben in der Wüste war nicht ungefährlich für eine Frau, und so verkleideten sich manche Frauen als Männer, um im Kloster oder der Einsiedelei allerlei Gefahren zu trotzen. Andere lebten nicht in der Wüste, nahmen aber weite Reisen auf sich, um sich einen Rat einzuholen. Es gab auch Frauen, die ihr ganzes Vermögen verbrauchten im Dienst an den Mönchen, die sie kostenlos mit allem Nötigen versorgten. Es wird von einem Fall berichtet, in dem die Frau dann, um selbst überleben zu können, als Prostituierte zu arbeiten begann. Am Ende wird sie aber gerettet, nachdem ein berühmter Altvater mit ihr gesprochen hat.

Von einer anderen, namentlich nicht bekannten Amma erfahren wir, dass sie in einem Kloster lebte, sich dort aber nur in der Küche aufhalten wollte, um zu erfüllen, was Paulus im ersten Korintherbrief schrieb: „Wenn einer unter euch sich weise dünkt in dieser Welt, dann werde er ein Tor, auf dass er weise werde."

Alle in dem Kloster halten sie tatsächlich für verrückt. Da erscheint dem Eremiten Porphyritis ein Engel, der ihm von dieser jungen Frau erzählt, die viel beständiger und gottesfürchtiger lebe als er. Er kommt zum Kloster und verlangt sie zu sprechen. Er fällt vor ihr auf die Knie und preist sie als weise Frau. Weil er so ein heiliger Mann ist, folgen alle seinem Urteil und fallen ebenfalls vor der Amma auf die Knie und bekennen, was sie ihr alles angetan haben; eine hatte ihr Spülwasser über den Kopf gegossen, eine andere ihr häufig ins Gesicht geschlagen, eine weitere ihr die Nase mit Senf beschmiert. Die ehemalige Närrin wird nun als große Heilige angesehen. Als sie die Ehrungen nicht mehr ertragen kann, geht sie in die Wüste, und keiner weiß, was aus ihr geworden ist. (W 1088)

Wie ambivalent das Ansehen der Einsiedlerinnen selbst bei den Einsiedlerkollegen war, wird besonders deutlich an folgender Geschichte. Zwei große Greise, also zwei bedeutende Männer unter den Anachoreten, hatten Amma Sarrah, die über 60 oder 70 Jahre lang in einer Einsiedelei in der Nähe des Nils lebte, aufgesucht und ihren Rat eingeholt. Das zeigt, für wie bedeutsam sie sie hielten. Als sie dann aber im Aufbruch waren, verabredeten sie, die Frau zu demütigen, und sagten, sie solle sich nur ja nichts darauf einbilden, dass sie ihren Rat eingeholt hätten: *„Sieh zu, dass sich dein Denken nicht überhebe und du sagst: Siehe da, die Einsiedler kommen zu mir, obwohl ich ein Weib bin."* Einerseits ehren sie sie durch ihren Besuch, andererseits aber können sie das nicht ungebrochen so dastehen lassen und denken sich deshalb diese hinterhältige Beleidigung aus. Amma Sarrah reagiert aber ganz ungerührt und selbstbewusst; in gewisser Weise fühlt sie sich gar nicht angesprochen: *„Der Natur nach bin ich ein Weib, aber nicht meinem Denken nach."* Ihrer Antwort ist zu entnehmen, dass das Denken der Weiber nicht sehr hoch im Kurs stand. Trotzdem nimmt sie aber für sich die Fähigkeit des Denkens, die nicht abhängig ist vom Geschlecht, ganz selbstverständlich in Anspruch.

Das Einsiedlerleben schützt nicht vor Einseitigkeiten und Elitedenken. Die Sprüchesammlung weiß darum und auch darum, dass es immer wieder Möglichkeiten und auch die Notwendigkeit gibt, diesen Einseitigkeiten entgegenzuwirken.

Abbas Makarios, dem bekanntesten aller wundertätigen Asketen, wurde von einer Stimme mitgeteilt, dass er nicht die Vollkommenheit zweier verheirateter Frauen in der Stadt erreicht habe. Er suchte sie auf und war von ihrer Demut und Friedfertigkeit so beeindruckt, dass er ausrief: „Wahrhaft, es kommt nicht darauf an, ob man Jungfrau ist oder verheiratet, ob man Mönch ist oder in der Welt lebt:

Gott gibt jedem seinen Heiligen Geist, entsprechend der Ernsthaftigkeit seines Vorsatzes." (McGinn S. 198)

Des Moses Sanftmut erwähle dir, damit du dein Felsenherz zu Wasserquellen umwandelst.

Dieser Spruch von Amma Synkletika hat es, im Wortsinn, in sich. Er zeigt auf eindrückliche Weise, wie und was sie gelehrt hat.

Die Vermittlung geht von Mensch zu Mensch, Herz zu Herz, und auch wir Modernen können im Dialog sein mit unseren Vorgängerinnen auf dem spirituellen Weg. Wenn auch mancher Begriff zunächst etwas sperrig wirkt und dadurch Widerstand hervorruft. Wir sind eben verschiedene Generationen, die aber die Praxis gemeinsam haben, und so ist Verständigung möglich.

Des Moses Sanftmut erwähle dir, damit du dein Felsenherz zu Wasserquellen umwandelst.

Synkletika bietet uns Bilder. Sie spricht vom Felsenherzen und von Wasserquellen, und sie nutzt biblische Anspielungen. Es ist von Moses die Rede, sie zitiert einen leicht veränderten Psalmvers und bezieht ihn, ganz originell, auf die Situation der Ratsuchenden auf dem spirituellen Weg. Im Originalpsalm geht es um den Weg der Israeliten durch die Wüste, und der letzte Vers ruft auf zur Ehrfurcht vor Gott, „der den Fels zur Wasserflut wandelt und Kieselgestein zu quellendem Wasser." (Psalm 114, Pascha-Lied)

Die dahinterliegende Geschichte aus dem Buch Exodus dürfte den Zuhörer/innen bekannt gewesen sein. Der Zug durch die Wüste verlief nicht ohne Probleme. Einmal beklagte sich das Volk darüber, dass es kein Wasser habe, und aufgrund dessen wird das ganze Unternehmen der Wüstenwanderung in Frage gestellt. „Warum hast du uns überhaupt hierhergeführt, wären wir doch dageblieben, was bringt das überhaupt, wir werden noch umkommen." Sie zweifeln nicht nur an Moses, sondern stellen damit auch die Existenz und die Gegenwart Gottes in Frage. Das Volk murrt. In seiner Not – der Protest ist so stark, dass Moses um sein Leben fürchtet – wendet er sich an Gott. Er selbst ist also ungebrochen voll Vertrauen, und fragend wendet er sich nach innen und damit an die Instanz, die über ihn hinausgeht. Auf Anweisung Gottes führt er die Auseinandersetzung mit dem murrenden Volk nicht weiter, sondern geht an ihm vorbei, berührt mit einem Stab den Felsen, und es quillt Wasser daraus hervor. Soweit die biblische Geschichte.

Des Moses Sanftmut erwähle dir.

Was könnte denn in diesem Kontext der Wüste Sanftmut bedeuten? Wir dürfen nicht vergessen: Synkletika spricht zu Menschen, die einen spirituellen Weg gehen, die Rat suchen, die vielleicht zweifeln, ob das denn richtig war, sich aufzumachen, wo doch gar keine Früchte, keine Erquickung da zu sein scheinen.

Sanftmut bedeutet zugleich Zartheit und Stärke, Gewaltlosigkeit und Kraft. Es bedeutet ohne Zwang, ohne zu forcieren, gelassen zu handeln. Es bedeutet innere Stärke, die nachgebend und geduldig ist. Synkletika rät, eine solche Eigenschaft zu erwählen. Hier ist sie klar und konsequent: Eine solche Haltung kann kein Muss sein, sie kann nur in Freiheit gewählt werden.

Wie Moses sich dem murrenden Volk gegenübersieht, so ist auch der Mensch auf dem Weg, der Mensch in der Wüste, immer wieder geplagt von Bedenken, von Zweifeln, von Niedergeschlagenheit, auch von Zorn über sich selbst, dass er oder sie vielleicht doch nicht geeignet sei, irgendwie versagt habe. Diese Stimmung, diese Stimmen stellen sich ein, weil die alten Sicherheiten nicht mehr da sind und die neuen Gewissheiten noch nicht. Man ist eben unterwegs.

Wenn Synkletika die Sanftmut hervorhebt, so rät sie zu einer Haltung gegenüber diesen Stimmungen, die nichts mit Kampf und Auseinandersetzung zu tun hat. Bekanntlich verstärkt ja der Kampf genau das, wogegen man kämpft. Moses hat gegen das Volk keine Chance. Ermahnungen, Reden, Auseinandersetzungen mit den kritischen Stimmen hätten vielleicht wirklich, wie er es befürchtet, seinen Tod herbeigeführt. (Analog könnte das heißen: Der oder die Suchende wäre den Zweifeln erlegen.) Moses wendet sich aber nach innen, geht sozusagen einen dritten Weg, am Volk vorbei. So kommt es zur Wandlung. Das Harte wandelt sich nicht dadurch, dass man gegen es anstürmt, sondern dadurch, dass man es sanft berührt oder berühren lässt. Das gilt auch und gerade für das eigene Herz. Die Energien, die in den Verhärtungen gebunden sind, können in Fluss kommen.

Auch in anderen Sprüchen erweist sich Synkletika als kluge Psychologin und weise Seelenführerin. Zum Beispiel, wenn sie von der Bedeutung des rechten Maßes spricht:

Es gibt eine überspannte Askese, die vom Feinde ist. Denn auch seine Schüler üben sie. Wie nun unterscheiden wir die göttliche, die königliche Askese von der tyrannischen, dämonischen? Offenkundig durch das Maß. Alle deine Zeit sollst du eine Norm für das Fasten haben. Faste nicht vier oder fünf Tage, und brich es nicht die übrige Zeit durch eine Fülle von Speisen. Denn überall ist die Maßlosigkeit Verderben bringend. Solange du jung und gesund bist, faste. Es kommt das Alter mit seiner Schwäche. Soviel du kannst, häufe dir einen Schatz an (geistlicher) Nahrung auf, damit du Ruhe findest, wenn du nicht mehr kannst." (906)

Zum rechten Maß gehört für sie auch das dem Alter entsprechende Maß. Der Vers betont noch einmal, dass Askese, hier also Fasten, kein Selbstzweck ist und auch nicht aus sich heraus die Gegenwart Gottes erfahrbar macht, sondern geradezu den gegenteiligen Effekt haben kann. Die Kräfte, die einen von sich, von der eigenen Mitte und damit von Gott zu entfernen, die einen zu versuchen und zu besetzen scheinen, bezeichnet sie als Feinde, Teufel oder Dämonen.

Auch für die religiöse Praxis gilt: Doppelt so viel ist eben nicht doppelt so gut. Eine Medizin mag, in einer bestimmten Dosis genommen, schon am ersten Tag eine Besserung bringen. Glaubt man aber, die Heilung dadurch schneller voranbringen zu können, dass man die ganze Medizin auf einmal trinkt, dann wird man eher im Krankenhaus landen.

Synkletika betont, dass alles, was einem widerfährt, in der Lage sein kann, einen von sich, vom Kontakt mit dem tiefsten Seelengrund abzuhalten. Nichts ist an sich gut oder schlecht. Ihre Beobachtung ist:

Vielfach sind die Nachstellungen des Teufels. Kann er die Seele nicht durch Armut abbringen, dann bringt er den Reichtum als Köder herbei. Vermag er nichts durch Schmach und Schande, dann hält er ihr Lob und Ehre vor. Wenn er durch Gesundheit Niederlagen einstecken muss, macht er den Leib krank. Wenn er mit den Lüsten nicht täuschen kann, dann versucht er, durch ungewollte Anstrengungen den Umschwung herbeizuführen. Er führt gewiss sehr schwere Krankheiten herbei, wenn es ihm erlaubt wird, um bei denen, die kleinmütig werden, die Liebe zu Gott zu verdunkeln.

Synkletika rät, alles, was einem widerfährt, anzunehmen und als Mittel, die Seele zu bilden, anzusehen. Sie sagt: *Gold bist du, aber durch das Feuer wirst du noch bewährter* (W 898) und *Je mehr Fortschritte die Wettkämpfer machen, desto stärker müssen die Gegenspieler sein, mit denen sie kämpfen.* (W 905) *Wie die Diebe einen Schatz stehlen, der nicht verborgen wurde, so lachen auch die Dämonen die Frau aus, wenn sie aus ihrem Kellion geht. [...] die Frau aber, die sich die ganze Zeit in ihrem Kellion befindet, ist wie ein verborgener Schatz, sie hat keine Angst, dass sie gestohlen werden könnte [...]* (Meterikon 53)

Dass es bei diesen Zeiten der Klärung und auch in der Übung ganz unterschiedliche Phasen gibt, wissen wir alle nur zu gut, und auch davon handelt ein Spruch von Synkletika. Hier betont sie die Geduld als Hilfe zur Überwindung von Durststrecken:

Hast du mit einem guten Werk angefangen, dann lass dich nicht abtreiben (von deinem Kurs) durch den Feind, der dich schlägt. Denn er wird durch deine Geduld zunichtegemacht. Denn jene, die sich auf Seefahrt begeben, haben zuerst günstigen Wind, hernach, wenn sie die Segel ausgespannt haben, treffen sie auf Gegenwind, aber wegen des eingefallenen Windes erleichtern die Schiffer das Fahrzeug nicht. Sie legen vielmehr eine kleine Ruhepause ein oder kämpfen sich mit dem Sturme ab und setzen dann die Fahrt wieder fort. So müssen auch wir sein. Wenn ein widriger Wind sich einstellt, müssen auch wir das Kreuz als Segel ausspannen und ohne Furcht die Fahrt zu Ende führen. (900) Wer seine Erfahrung weitergeben und lehren will, sollte das nicht zu früh tun. Sie hält das geradezu für gefährlich. Hier zeigt sich, dass sie genau wie Theodora ihre eigene Rolle und Tätigkeit reflektiert:

Es ist gefahrvoll, wenn einer lehren will, der nicht durch das tätige Leben hindurchgegangen ist. Wie einer, der ein baufälliges Haus hat, Gäste aufnimmt und sie durch den Einsturz des Hauses beschädigt, so richten auch diejenigen, die sich nicht selbst zuerst auferbaut haben, jene zugrunde, die sich ihnen anschließen. Mit den Worten rufen sie zum Heile, durch die Schlechtigkeit des Wandels fügen sie den Kämpfern Unrecht zu. (W 903) Dieser Rat, wie auch viele andere, zeigt, dass die Ammas um die Nöte der Zeit wussten und dass auch in den Kreisen der Abbas und Ammas ungeklärte Leidenschaften ihr Unwesen trieben.

Wer auf dem Weg ist, ist auf dem Weg, und es gilt immer wieder neu anzufangen.

Bleiben wir bei unserer Übung und seien wir der verborgene Schatz, der nicht gestohlen werden kann.

Des Moses Sanftmut erwähle dir, damit du dein Felsenherz zu Wasserquellen umwandelst.

4. Durch Stillschweigen zähmt eure Sinne.

Die christlichen Einsiedler widmeten sich ihrer geistigen Entwicklung mit großem Engagement. Sie hielten aber auch die Entwicklung der Persönlichkeit für besonders wichtig. Die Erkenntnisse, die sie über die innere Welt der Gedanken und Gefühle zusammengetragen haben, sind auch heute noch in ihrem Grundsatz gültig.

Sie hielten es für unabdingbar, eigene Fehlhaltungen und Schwächen wahrzunehmen und zu erkennen, welche Seelenkräfte darin in Aktion waren. Sie haben zunächst acht, dann neun Leidenschaften (Laster, Fehlhaltungen, Wurzelsünden) unterschieden. Der Begriff Leidenschaften ist meiner Meinung nach für uns der hilfreichste Begriff, weil er nicht gleich eine Wertung einschließt. Der Mensch soll durch seine Handlungen nicht selbst leiden oder Leiden schaffen, sondern leidenschaftlich werden. Kraft bleibt Kraft. Es kommt nur darauf an, welchen Ausdruck wir ihr geben.

Die neun Leidenschaften werden drei verschiedenen Ebenen zugeordnet: der körperlichen Ebene: Gier/Völlerei, Wollust (Unzucht), Habsucht; der emotionalen Ebene: Zorn, Traurigkeit, Akedia; der geistigen Ebene: Ruhmsucht, Neid/Missgunst, Hochmut/ Stolz.

In den Sprüchen der Väter und Mütter tauchen diese Leidenschaften häufig auf, aber Evagrius Pontikus ist derjenige, der sie systematisiert und auch in ihrer Erscheinungsform genauestens beobachtet hat.

Evagrius hat zwar auch 16 Jahre lang in der Wüste gelebt (von 383 bis zu seinem Tod 399), aber er unterschied sich durch seine Bildung und soziale Herkunft von den meisten anderen Mönchen. Er hatte eine Blitzkarriere in der Kirche hinter sich, die ein jähes Ende fand, nachdem er sich mit einer verheirateten Frau eingelassen hatte. Das war gleichzeitig auch die Krise in seinem Leben, die zur radikalen Lebensänderung und dem Weg in die Wüste führte, wo er erneut zu hohem Ansehen gelangte wegen seiner Bescheidenheit und Weisheit. Im Gegensatz zu den anderen Mönchen, von denen wir nur die zunächst mündlich überlieferten Sprüche kennen, hat Evagrius verschiedene Schriften hinterlassen, die man als das „erste vollständige System christlicher Spiritualität ansehen kann." (McGinn S. 214) Er wurde sehr viel gelesen und übersetzt und ist so auch, vor allen Dingen durch seinen Schüler Cassian, im lateinischen Raum der Kirche bekannt gewesen. Zu den Schriften gehört der *Praktikos,* 100 Kapitel über das geistliche Leben, der *Gnostikos,* 50 Kapitel über die geistliche Erkenntnis des wahren Kontemplativen, der *Antirhetikos*, eine Abhandlung über die acht Wurzelsünden, und die Schrift *Über das Gebet* mit 153 Kapiteln. Die einzelnen Kapitel gleichen teilweise Sprüchen oder Aphorismen, z. B.:

Gebet ist das Tun, das der Würde des Geistes entspricht; oder besser noch, es ist seinem edleren und eigentlichen Wirken entsprechend. (ÜG Kap 84)

Das ist schon das ganze Kapitel. McGinn betrachtet diese sehr kurzen Kapitel als Gipfel mystischer Eisberge, die ihre wahre Größe und Gestalt erst nach langer Meditation und gründlicher Erforschung preisgeben. (McGinn S. 217)

Seine Ausführungen zu den Leidenschaften basieren auf sehr detaillierter Beobachtung der menschlichen Psyche, der Gefühle und Gedanken und ihrer Zusammenhänge. Man kann deutlich erkennen: Evagrius weiß, wovon er redet. Eine Klärung der Leidenschaften ist für ihn Teil und Voraussetzung für die eigentliche Kontemplation:

Wenn jemand gefesselt ist, kann er nicht weglaufen. Genauso wenig kann ein Geist, der ein Sklave der Leidenschaften ist, den Ort des spirituellen Gebetes sehen. Er wird zum Spielball solcher leidenschaftserfüllten Gedanken und wird so seine Beständigkeit und Ruhe einbüßen. (ÜG Kap 104)

Hier ist sehr eindeutig hervorgehoben, dass das Auftauchen der Leidenschaften mit Gedanken verbunden ist. Er beschreibt das auch im Detail, z.B.:

Der Zorn ist die heftigste der Leidenschaften. Er ist ein Aufwallen des erregbaren Teils der Seele, das sich gegen jemanden richtet, der einen verletzt hat oder von dem man sich verletzt glaubt. Er reizt ohne aufzuhören die Seele dieses Menschen und drängt sich vor allem während der Gebetszeit ins Bewusstsein […] (Kap 11)

Er fährt dann fort, genau den Mechanismus zu beschreiben, der diese Gedanken in Gang setzt. Die *Akedia*, ein Begriff, der Missmut, Verdrießlichkeit, Unwilligkeit, Lustlosigkeit meint, befällt den Mönch besonders zur Mittagszeit; deshalb nennt er ihn auch Mittagsdämon. Er ist allen Meditierenden, so möchte ich meinen, wohlbekannt:

Zuerst scheint es dem Mönch, dass sich die Sonne, wenn überhaupt, nur ganz langsam weiterbewege und dass die Länge des Tages mindestens fünfzig Stunden betrage. Er fühlt sich genötigt, dauernd aus dem Fenster zu schauen, die Zelle zu verlassen, sorgfältig nach der Sonne zu sehen, um festzustellen, wie weit sie noch von der neunten Stunde entfernt ist, erst in diese, dann jene Richtung zu blicken, um vielleicht den einen oder anderen seiner Mitbrüder die Zelle verlassen zu sehen.

Langsam lässt er dann im Herzen des Mönchs einen Hass auf den Ort aufsteigen, an dem er sich befindet, auf sein gegenwärtiges Leben und auch auf die Arbeit, die er verrichtet […] (Kap 12)

Wir können das alle weiterspinnen, vielleicht aus der Erinnerung, vielleicht ist es auch die Beschreibung des Jetztzustandes, vielleicht wird er einmal kommen.

Interessant ist, wie genau Evagrius die einzelnen Handlungen beschreibt. Man möchte richtig schmunzeln, und man könnte auch den Originalton dazu liefern: „Was soll das hier eigentlich? Warum fahre ich nicht nach Hause? Das halte ich nie durch! Warum tue ich mir das an?" Das sind alles Gedanken. Das muss man sich einmal ganz klarmachen. Es klingt simpel, aber es ist tatsächlich ein Prozess zu erkennen: Das, was da abläuft, läuft ab wegen bestimmter Gedanken, die einen zu überwältigen scheinen. Sind die Gedanken weg, so gibt es auch keine Störung.

Auf die Frage: „Vater, was soll ich tun, da der Gedanke an die Äußerste Finsternis mich tötet?" antwortete Abbas Sisoes: „Ich denke nicht an diese Dinge, denn Gott ist voll Erbarmen, ich hoffe, dass er mir Barmherzigkeit schenken wird." (W 822)

Das Heilmittel, das alle Traditionen anbieten, ist ein Aushungern der Gedanken. In einem Zen-Gedicht heißt es: *Schneide Worte und Gedanken ab.*

Gemeint ist das ständige Zurückkehren oder Einkehren in den gegenwärtigen Moment. Denn die Beschreibung des Evagrius macht deutlich: Die Leidenschaft ist in Gedanken und Erinnerungen begründet, und ein Gedanke führt zum nächsten. Entziehe ich den Gedanken die Energie, wenn sie gerade erst auftauchen, dann hat auch die Emotion keine Chance, mich zu besetzen, und die Energie, die darin gebunden ist, wird sich wandeln. Wer einen Garten hat, weiß: Einen kleinen Baum kann man leicht entfernen, ist er schon größer, wird es kompliziert und zeitaufwendig.

Manchmal ist es hilfreich, den Grundgedanken aufzuspüren. Z.B. steckt hinter der unkontrollierten Wut, dem ungerichteten Zorn, oft der Gedanke: Ich bin so klein mit Hut, ich bin nichts wert. Oder der Grundgedanke bei der Traurigkeit, einer Leidenschaft, die gerade Alleinlebende, also auch die Einsiedler, gerne erfasst: Ich bin so allein, ich bin zu nichts nutze, ich bin nicht gut genug, ich habe keine Chance. Es ist ein ganz wichtiger Prozess, zu erkennen, dass diese Gedanken eben Gedanken sind und keine unumstößlichen Wahrheiten.

Das Problem besteht darin, dass sich diese Gedanken, auch Emotionsgedanken genannt, ihre eigene Realität schaffen. Eckhart Tolle (S. 48 ff) spricht von einem Schmerzkörper, der ständig nach neuer Nahrung sucht, um sich so immer wieder selbst herzustellen. Dieser „Körper“, der durch die verschiedenen Ereignisse der Lebensgeschichte an ein bestimmtes Gefühl gewöhnt ist, wird sich Situationen gestalten, die die Wiederherstellung des Gefühls ermöglichen. Neuere Forschungen zur Biochemie des menschlichen Körpers behaupten sogar, dass wir süchtig sein können nach solchen Situationen. Die Emotionsgedanken erzeugen bestimmte chemische Kombinationen im Körper. In dem Film „What the Bleep do we know?“ hat man versucht, das auf lustige Weise zu verfilmen. Den einzelnen Emotionen sind kleine Comicmännchen zugeordnet. Man sieht also, wie sich diese Männchen sammeln, groß und dick werden und wieder zerfallen und dann neue Nahrung brauchen, um sich wieder aufplustern zu können. Wenn es das Gefühl der Gier oder das des Beleidigtseins z.B. eine Zeit lang nicht mehr gegeben hat, wird es durch eine Aktion des Menschen selbst wieder herbeigeführt, etwa dadurch, dass er oder sie dafür sorgt, angerempelt zu werden. Natürlich völlig unbewusst.

Wenn wir also tatsächlich auf der körperlichen Ebene süchtig sind nach schädigenden Emotionen – Selbstmitleid ist z.B. ganz besonders gefährlich –, dann wird auch deutlich, dass der Prozess der Klärung Ausdauer verlangt, dass wir zeitweise unter Entzugserscheinungen leiden und dass es uns zunächst, trotz Absetzung der Droge, nicht besser, sondern schlechter geht.

Es scheint mir wichtig, zu betonen, dass die sogenannten Laster nicht etwas sind, das unterdrückt oder abgespalten werden müsste, sondern es geht um Wandlung. Und gerade dort, wo die ungeliebte oder leidbringende Leidenschaft am Werk ist, genau dort ist der Ansatzpunkt für Weiterentwicklung.

Die Klärung könnte sich in zwei Schritten vollziehen. Zunächst lasse ich die Kraft in mein Haus, um sie kennenzulernen. Wenn ich sie kenne, kann ich ihr in einem zweiten Schritt etwas entgegensetzen. Evagrius empfahl als Hilfsmittel: *Lesung, Nachtwachen und Gebet sind die Mittel, die einem unruhigen Geist zur Ruhe verhelfen. Fasten, körperliche Arbeit und die Einsamkeit sind nützlich, um die Flammen der Leidenschaft auszulöschen. Der Groll verschwindet, wenn man Psalmen singt, geduldig ist und Almosen gibt. Doch wer sich darin übt, sollte es mit dem richtigen Maß und zu geeigneter Zeit tun. Was man nicht zu richtiger Zeit tut und ohne rechtes Maß, hält nur für kurze Zeit. Und was kurzlebig ist, schadet eher, als dass es nützt.* (ÜG Kap. 15)

Auch sich zusammenzureißen nützt nur kurzfristig und führt nicht zur Wandlung. Die Wüstentherapeuten empfahlen, bestimmte Sätze zu sagen, z.B. Psalmverse, oder „Ich habe dich bei deinem Namen gerufen und du bist mein“, um so in die Gegenwart des Bejahtseins einzutreten und das Gefühl, überwältigt zu werden oder nichts wert zu sein, auszuhungern.

Ich erinnere mich an einen Bericht über ein Hochhaus in Köln am Rhein. Es wurden einzelne Bewohner mit all ihren Problemen, besonders auch mit den Schwierigkeiten, die mit Anonymität, Einsamkeit und Angst zusammenhängen, vorgestellt, beispielsweise eine alte Frau, wie sie in ihrer Wohnung auf und abging, ein Gebetbuch in der Hand, und wie sie las:

Und muss ich auch wandeln in finsterer Nacht,
ich fürchte kein Unheil, denn du bist bei mir.

Jede der Leidenschaften repräsentiert Kraft, die in uns steckt, und es wäre fatal, sich nicht mit dieser Lebenskraft vertraut zu machen. Jede Leidenschaft ist ein Eingangstor, die wirkliche Kraft in uns zu erkennen. Damit die Leidenschaften ins richtige Lot kommen, hilft es, sich mit ihnen zu verbünden, mit ihnen vertraut zu werden, um die Kraft erfahrbar zu machen. Jede Leidenschaft hat einen negativen und einen positiven Pol, und in der Auseinandersetzung bleiben wir oft bei dem negativen Pol hängen. Es ist also gut, auch den Gegenpol ins Blickfeld zu rücken.

Der Gegenpol zu Gier, also dem Gefühl, das will ich unbedingt haben oder das will ich auf keinen Fall haben, wäre z.B. das Genießen, das Auskosten von dem, was mir geschenkt ist.

Wollust steht einerseits für ein Sich-in-Beziehungserlebnisse-Hineinphantasieren, und der Gegenpol ist die Lust am Wohlsein und die Kraft zum Ausdruck der Beziehung zwischen Menschen, aber auch zwischen Mensch und Gott.

Der Habsucht, dem Besitzenwollen, steht der Verzicht in Freiheit gegenüber. Die Indianer in den USA töteten z.B. nur so viele Büffel, wie sie wirklich brauchten für Ernährung, Kleidung, Zeltbau. Die Weißen erlegten so viele, wie sie konnten, und ließen sich dann mit den Leichenbergen fotografieren.

Traurigkeit, eine weitere Leidenschaft, kann einen so besetzen, dass man passiv wird und die Wirklichkeit nur wie durch einen Schleier sieht. Man fühlt sich total schlapp. Anders gesehen, steht die Traurigkeit für die Gabe der Tränen und des Angerührtseins.

Der Zorn steht zwar für zerstörerische Kraft, aber wenn die Kraft gerichtet ist und aus der Mitte kommt, ist es die Kraft, etwas zu verändern.

Die Akedia wurde in der Wüste als der Chefdämon angesehen. Sie steht für die Unfähigkeit, sich einzulassen. Nichts ist einem recht. Man ist ruhelos. Depressives Ungehaltensein, klebriges Nicht-vom-Fleck-Kommen gehören dazu ebenso wie eine missmutige Grundstimmung und das Gefühl von Langeweile. Die Rückseite der Kraft ist der Anstoß zur Neuorientierung. „Was habe ich bisher übersehen?" Selbst wenn man das Gefühl hat, in einem Sumpf zu stehen, so ist doch das Wasser im Sumpf auch Wasser des Lebens, und ich bin im Kontakt damit. In der Ruhelosigkeit, die auch zur Akedia gehören kann, steckt die Kraft zur Veränderung. Gerade dort, wo die Kraft ist, „Nein" zu sagen zum gegenwärtigen Zustand, ist auch große Offenheit für das Mysterium, für das „Ja". In der Krise macht sich etwas bemerkbar, das sagt: Du lebst.

Hinter dem Neid steckt die Sehnsucht, etwas sein zu dürfen, was andere auch schon erreicht haben. Eifersucht bedeutet, mit Eifer suchen, mit Engagement.

Stolz steht für die Identifikation mit einem Ideal. Es macht hartherzig, denn ich verurteile mich, wie ich jetzt bin vom Standpunkt dessen, der ich sein möchte. Der Gegenpol wäre die Wertschätzung, von dem, was ich und was die anderen wirklich sind. Wohlwollen.

Klärung der Herzenskräfte führt zu *Apatheiea,* der Gelassenheit, verwandt mit dem, was Meister Eckehart als „Abgeschiedenheit" bezeichnet. Es ist nicht zu verwechseln mit Apathie oder Gleichgültigkeit. Es bedeutet, dass es zwar Stürme gibt, auch schwierige Situationen, aber dass sie uns nicht umwerfen. Es entstehen feinere Emotionen, von denen der oder die mit Leidenschaften Besetzte zunächst noch keine Ahnung hat. Es ist für den Menschen dann nicht nur ein theoretisches Konzept, dass alle Menschen, alles Leben, miteinander verbunden sind, sondern es wird erfahrbar: Es gibt keine Trennung. Wir sind nicht isoliert.

Evagrius beschreibt diese Vereinigung in einem Bild. Gott wird mit einem Meer verglichen, in das alle geistbegabten Wesen wie Sturzbäche zurückkehren.

„Und hinfort werden sie nicht mehr viele sein, sondern sie sind eins in seiner Einzigkeit ohne Ende und ohne Unterscheidung wegen ihrer Vereinigung und Vermischung mit ihm. Doch gleich wie bei der Vermischung der Ströme mit dem Meer keine Hindernisse zu dessen Natur oder eine Veränderung in dessen Farbe und in dessen Geschmack stattfindet, ebenso entsteht auch durch die Vermischung der Intellekte mit dem Vater keine Zweiheit der Naturen […] (zit. bei McGinn S. 228).

Die Erfahrung der Vereinigung bedeutet aber für Evagrius nicht Abtrennung des Menschen von der Welt, sondern:

Ein Mönch ist ein Mensch, der sich von allem getrennt hat und sich doch mit allem verbunden fühlt (ÜG Nr. 124) und *Ein Mönch weiß sich eins mit allen Menschen, denn immerzu findet er sich in jedem Menschen.* (ÜG Nr. 125)

Und Evagrius preist den Menschen selig, der in jedem Menschen Gott sieht. (ÜG Nr. 123)

In dem Film „Wie im Himmel" hat eine junge Frau die Fähigkeit, einige Menschen als Engel zu sehen. Sie sieht dann anscheinend Flügel, die sie als Engel ausweisen. Interessant finde ich ihre Auskunft: Zuerst konnte ich nur diesen und jenen als Engel sehen, jetzt sehe ich auch dich so, und ich habe gehört, wenn man alle Menschen so sehen kann, dann ist man fertig.

Eine euch vielleicht bekannte Geschichte zeigt, dass man dieses Sehen auch üben könnte und dass es vor allen Dingen auch Rückwirkungen auf uns selbst hat, denn alles, was wir anderen wünschen, was wir an ihnen sehen, wünschen und sehen wir auch an und für uns selbst. Liebe und Dankbarkeit sollen sogar die Struktur von Wasser verändern, wie viel mehr uns Menschen.

Die Wüstenmutter saß meditierend in ihrem Kellion. Sie öffnete die Augen und sah einen unerwarteten Besucher – den Abt eines wohlbekannten Klosters.

„Was sucht ihr?" fragte die Amma. Der Abt erzählte eine leidvolle Geschichte. Sein Kloster war einst sehr berühmt. Junge Leute füllten die Zellen, und seine Kirche hallte wieder vom Gesang der Mönche. Aber das Kloster hatte schwere Zeiten durchzumachen. Die Menschen strömten nicht mehr herbei, um geistige Nahrung aufzunehmen, der Zustrom junger Aspiranten war versiegt, in der Kirche war es still geworden. Nur ein paar Mönche waren geblieben, und sie gingen schweren

Herzens ihren Aufgaben nach. Der Abt wollte nun wissen: „Ist das Kloster um unserer Sünden willen in einen solchen Zustand verfallen?"

„Ja", sagte die Amma, „die Sünde der Ahnungslosigkeit."

„Und was ist das für eine Sünde?"

„Einer von euch ist der Messias, das lebendige Wort Gottes, – verkleidet – und ihr merkt es nicht." Nachdem sie das gesagt hatte, schloss die Amma die Augen und versank wieder in Meditation.

Während der beschwerlichen Rückreise zum Kloster schlug das Herz des Abtes schneller bei dem Gedanken, dass der Messias in Person auf die Erde zurückgekehrt war und sich in seinem Kloster befand. Wie war es möglich, dass er ihn noch nicht erkannt hatte? Und wer konnte es sein? Der Bruder Koch? Der Bruder Sakristan? Der Bruder Verwalter? Der Bruder Prior? Nein, der nicht, er hatte leider zu viele Fehler. Aber die Amma hatte doch gesagt, der Messias wäre da in Verkleidung. Konnten diese Fehler gerade seine Verkleidung sein? Bei genauerer Überlegung hatte jeder im Kloster seine Fehler. Und einer von ihnen musste der Messias sein!

Als er wieder im Kloster war, versammelte er die Mönche und sagte ihnen, was er gehört hatte. Ungläubig guckten sie einander an. Der Messias? Hier? Unglaublich! Und doch hieß es, er sei hier in Verkleidung. Wenn es nun der und der wäre? Oder der dort drüben? Oder…

Eine Sache war sicher: Wenn der Messias sich hier verkleidet befand, war es nicht sehr wahrscheinlich, dass sie ihn erkennen würden. Also ließen sie es sich angelegen sein, jeden respektvoll und mit Rücksicht zu behandeln. „Man kann nie wissen", sagten sie sich, wenn sie miteinander zu tun hatten, „vielleicht ist es gerade der."

Die Folge war, dass im Kloster eine ansteckend fröhliche Stimmung herrschte. Aspiranten bemühten sich bald wieder um Aufnahme in den Orden und erneut hallte die Kirche wider von dem frommen und frohgemuten Gesang der Mönche, die vom Geist der Liebe beseelt waren." (de Mello, Warum der Schäfer S. 48/49)

Wir alle sind Ebenbild. Und als solche ist unser Ziel nicht die Weltflucht, auch wenn wir uns immer wieder in die Ruhe und in das Schweigen zurückziehen, sondern das Leben in dieser Welt und die Bewährung im Alltag. Die Wüstenväter und -mütter spornen an und stellen eine wichtige Quelle der Inspiration dar, gerade weil sie zum großen Teil die psychologische Klärung nicht ausklammern, sondern explizit einfordern. Auch die Älteren sind immer wieder neu um Klärung bemüht, und die Sprüchesammlungen zeigen sie selbst als Menschen mit ihren Macken und Schwächen. Es bleibt eine große Aufgabe, ihr Werk weiterzuführen und den verborgenen Schatz zu hüten und erblühen zu lassen, so dass alle wissen: Die Wüste lebt.

II. Nicolaus Cusanus und die Brille der Koinzidenz

1. Die Brille

Was eine Brille ist, wissen wir alle nur zu gut. Die Brille ist ein Gegenstand, der unseren Alltag prägt, ohne den viele von uns den Alltag kaum bewältigen könnten. Eine Brille ermöglicht, das, was ganz nah ist, klar zu sehen, und auch das, was in der Ferne liegt. Sie ist eine Sehhilfe. Je nachdem, ob die Gläser konvex oder konkav geschliffen sind, wird ein anderer Bereich klarer erkennbar oder überhaupt erst sichtbar. Denken wir uns noch stärker geschliffene Gläser, dann haben wir nicht mehr nur eine Brille, sondern eine Lupe, ein Mikroskop einerseits oder ein Fernglas und ein Teleskop andererseits vor uns. Die können sogar sichtbar machen, was dem natürlichen Auge völlig verborgen ist. Welche Möglichkeiten sich da ergeben, wurde einmal in einem Film demonstriert.

Zwei Menschen liegen auf einer Wiese. Die Kamera entfernt sich von ihnen, und wir sehen sie in immer größerer Distanz, bis sie nur noch als Punkt zu erkennen sind. Dann sehen wir die Stadt, das Land, den Kontinent, den Planeten Erde, bis auch die Erde im Weltraum zu einem Punkt wird und der leere Raum das Bild füllt. Dann bewegen wir uns zurück zu den beiden Personen, aber jetzt geht der Weg in die andere Richtung, so als läge der Mensch unter einem Mikroskop und als gäbe es eine mikroskopische Kamera, die immer noch kleinere Details vergrößert. Es handelt sich natürlich um einen Filmtrick, aber das Bild, das sich dem Zuschauer zeigt, ähnelt auf verblüffende Weise dem Bild aus der größten Entfernung. Das Kleinste und das Größte fallen in eins.

Die Brille, von der Cusanus spricht, ist das Bild für ein Denken, das erlaubt, das Gegensätzliche gleichzeitig zu sehen.

Im 15. Jahrhundert, also der Zeit, in der Cusanus lebte, gab es auch schon Augengläser. Sie wurden aus einem durchsichtigen Halbedelstein, dem Beryll, gefertigt; daher auch unsere Bezeichnung Brille. Die meisten Menschen konnten nicht lesen, aber für diejenigen in den Klöstern und an den Universitäten, die mit dem Studium von Schriften und Büchern beschäftigt waren, stellte auch schon damals der Beryll eine große Hilfe dar. Cusanus nutzt diese Sehhilfe als ein Mittel zur Anschauung für das, was er erklären möchte, und nennt deshalb eine seiner Schriften: *Über den Beryll.*

Er will eine Brille vorstellen, mit der das, was die Sehkraft und das Fassungsvermögen des Verstandes übersteigt, erfahrbar wird.

In der Einleitung zu diesem Buch *Über die Brille* schreibt er:

Wer das liest, was ich in verschiedenen Büchern geschrieben habe, wird sehen, dass ich mich recht oft mit dem Zusammenfall der Gegensätze beschäftigt habe und dass ich immer wieder darum bemüht war, gemäß einer Vernunftschau, die die Kraft des Verstandes übertrifft, zu schließen. Damit ich dem Leser möglichst klar einen Begriff hiervon vermittle, will ich daher einen Spiegel und ein Rätselbild an die Hand geben [also das Bild der Brille], *mit dem sich die schwache Vernunft eines jeden an der äußersten Grenze des Wissbaren helfen und leiten kann; [...]*

Und wenn auch dieses Büchlein offensichtlich kurz ist, gewährt es dennoch hinreichende Anleitung, wie man von dem Rätselbild zur Schau gelangen kann. Es wird auch in der Macht eines jeden liegen, die zugrunde gelegte Verfahrensweise auf jeden Forschungszweig anzuwenden und auszudehnen. (De B. 1)

Er schreibt von Vernunftschau, die die Kraft des Verstandes übersteigt. Damit steht er ganz in der Tradition der frühen Kirchenväter wie z.B. Gregor von Nyssa (4. Jh).

Wenn aber der Geist weiter emporsteigt und in immer größerem und vollkommenerem Fortschreiten zu begreifen beginnt, was wahrhaftes Erkennen ist, dann sieht er, je mehr er der Schau Gottes sich nähert, desto deutlicher die Unschaubarkeit Gottes. Alles Sichtbare hinter sich lassend – nicht nur, was mit den sinnlichen Augen, sondern auch, was mit dem Geiste gesehen wird –, strebt er immer tiefer in das Innere hinein, bis er hindurch gedrungen ist durch die Vielgeschäftigkeit des Denkens und gelangt ist zum Unschaubaren und Unbegreiflichen. Dort sieht er Gott. Darin liegt ja die wahre Erkenntnis des Gesuchten, und darin liegt das Sehen: im Nicht-Sehen. (zit. in: Dionysius Areopagita S. 7)

Hier wird schon deutlich, dass die Schau Gottes, die Einheitserfahrung im mystischen Erleben, dem Erkennen nicht entgegengesetzt ist, sondern so über dem Erkennen steht, dass es gleichzeitig die Fortsetzung und Überhöhung des geistigen Erkennens bildet. Dieses Erkennen geht nicht ohne Verstand, sondern es greift über ihn hinaus (platonisch).

An diese Vorstellungen knüpft Cusanus an.

Was wissen wir über diesen Mann, der als Anschauung für seine Denkmethode das Rätselbild der Brille wählte?

Nicolaus Cusanus (1401-1464) gilt als der größte Denker des 15. Jahrhunderts, ja sogar als Pförtner einer neuen Zeit. Er war ein Mensch an der Schwelle zwischen Mittelalter und Neuzeit, der die folgenden Denker- und Forschergenerationen nachhaltig in ihrer Auffassung von Welt und Gott beeinflusst hat. Man könnte ihn ein Universalgenie nennen. Er wollte eine Reform des gesamten Wissens, der Kirche und des Reiches. Alles schien ihm in Bewegung und veränderbar. Von Haus aus war er zwar Jurist, aber sein Interesse überstieg alle Fachgrenzen, und er äußerte sich auf den Gebieten der Mathematik, der Astronomie, der Kosmologie, er gab Anweisungen für eine verbesserte Naturforschung und verfasste Schriften zu Theologie und Philosophie. Er bestritt z.B., dass die Erde genau im Mittelpunkt des Weltalls in Ruhe verharre, wie es das Weltbild der Zeit vorgab, und weitete das Universum ins Unendliche. So schreibt er:

Nachdem wir die verschiedenen Bewegungen des Weltkreises betrachtet haben, ist es unmöglich anzunehmen, dass der Weltbau diese sichtbare Erde oder die Luft oder das Feuer oder irgendetwas anderes als festes und unbewegliches Zentrum besitzt [...]. Es kann also nichts Gegenständliches geben, das nur in Ruhe und unveränderlich ist. Und daraus schließt Cusanus: *Die Erde ist also nicht der Mittelpunkt [...]. Der Mittelpunkt der Welt ist nicht mehr innerhalb als außerhalb der Erde, und weder diese Erde noch irgendeine Sphäre besitzt einen Mittelpunkt.* (zit. bei Malangré S. 54)

Das ist das Ende des geozentrischen Weltbildes von Aristoteles, 200 Jahre vor Galilei.

Cusanus war kein Stubengelehrter, sondern er war auch Diplomat, Fürst und Kirchenmann und in die politischen Auseinandersetzungen der Zeit verwickelt. Er stellte einen neuen Typus des Gelehrten dar, der ständig unterwegs war, gleichzeitig aber Wochen der Stille fand, um alte Schriften zu studieren und denkend und schreibend auf Außenereignisse zu reagieren. Er wollte nicht Traditionen wiederherstellen, sondern Neues und Unerwartetes sagen, schöpferisch tätig sein.

Er wurde in Kues an der Mosel als Sohn wohlhabender Eltern geboren, ging mit fünfzehn zum Studium nach Heidelberg (das ist auch die erste urkundliche Erwähnung des Namens), und schon ein Jahr später zog er nach Padua in Italien und studierte dort Kirchenrecht. In Padua schloss er Freundschaft mit vielen bedeutenden Männern der Zeit, z.B. mit Toscanelli, der die Idee vertrat, man könne Indien auch auf dem Seeweg nach

Westen erreichen, was Kolumbus dann in die Tat umzusetzen versuchte, wobei er einen neuen Kontinent entdeckte, oder mit Giuliano Cesarini, dem späteren Präsidenten des Baseler Konzils, dem er seine wegweisende Schrift *Vom Wissen des Nichtwissens* widmete: *De docta ignorantia*. In dieser Schrift entwickelte er seine Lehre vom Zusammenfall der Gegensätze, *coincidentia oppositorum*. Man kann sich vorstellen, dass der Aufenthalt in Padua in jeder Hinsicht prägend und inspirierend war. Wer dort studierte, war am Puls der Zeit.

Nicolaus Cusanus hieß ursprünglich Kryftz, d.h. Krebs. Er nannte sich später aber Nikolaus von Kues oder latinisiert Nicolaus Cusanus nach seinem Herkunftsort, wie das damals üblich war. Als er später zum Kardinal ernannt wurde, nahm er den Krebs des Familiennamens als sein Wappentier.

In Kues ließ er ein Hospital errichten, in dem dreißig arme Männer unentgeltlich leben sollten. Zu diesem Hospital, das durch Fürsprache eines Cusanus-Kenners den 2. Weltkrieg unzerstört überstand, gehören auch eine kleine Kirche und eine Bibliothek, die nach den Vorstellungen des Cusanus gebaut wurden und die auch heute noch einen einmaligen Einblick in seine Geisteswelt bieten. So ist z.B. das Kirchengewölbe, getragen von einer einzigen Säule in der Mitte, Symbol dafür, dass alles in der Einheit gegründet und alles Teil der Einheit ist. Die Einheit geht aller Vielgestaltigkeit voraus, bzw. in der Einheit ist alle Vielgestaltigkeit aufgehoben im Zusammenfall der Widersprüche. Cusanus ist überzeugt:

Das ganze Streben unseres Geistes muss allen Ernstes dahin gerichtet sein, sich zu jener Einfachheit, in der die Gegensätze koinzidieren, zu erheben. (De Doc, in: Werke S. 168)

Die Bibliothek in Kues ist ein gotisches Kleinod, die Atmosphäre des Raumes geistig und hell. Dort findet man astronomische Instrumente, weil Cusanus den Kalender verbessern wollte, und sie enthält die meisten Handschriften aus seinem Besitz. Dazu gehört eine der wenigen erhaltenen Abschriften der lateinischen Texte von Meister Eckehart. Die vielen handschriftlichen Randbemerkungen zeugen davon, wie intensiv Cusanus ihn studiert hat, obwohl er ihn, sicherlich aus diplomatischen Gründen, nur zweimal beim Namen genannt hat. Man findet in der Bibliothek auch die Werke von Dionysius Areopagita, den Cusanus später den größten unter den Theologen nennt. Er habe sich begierig auf seine Schriften gestürzt.

Es finden sich noch viele weitere griechische Autoren, auch Kommentare zu diesen Texten, viele juristische Schriften, die Werke von Raimundus Lullus, der ebenfalls sehr wichtig für ihn war, und natürlich die Werke des Cusanus selbst. Ein sehr umfangreiches Werk, wobei die Schriften, die wir hier betrachten, *Vom Wissen des Nichtwissens, Vom Sehen Gottes, Über den Beryll,* nur einen kleinen Teil ausmachen.

Wenn man im 15. Jh. Bücher lesen wollte, so musste man Handschriften oder Abschriften erwerben oder an Orte reisen, wo sie aufbewahrt wurden, denn der Buchdruck mit beweglichen Lettern wurde erst zu Lebzeiten des Cusanus erfunden. So spiegelt die Bibliothek den Schwerpunkt seines Studiums und seiner Lektüre wider. Cusanus war ein leidenschaftlicher Sammler von Handschriften. Er liebte es, Schriften im Original zu studieren, also nicht nur die Kommentare, und dabei prüfte er genau. So wurde auf seinen Hinweis hin eine der berühmtesten Fälschungen des Mittelalters, die sogenannte Konstantinische Schenkung, in der der Kaiser Konstantin angeblich dem Papst das ganze Weströmische Reich unterstellte, als solche entlarvt.

Er selbst hat aber die von ihm errichtete Bibliothek und das Hospital nie gesehen. Er starb mit 63 Jahren in Todi, Italien, und wurde daher in seiner Kardinalskirche St. Petrus in Ketten in Rom beerdigt. Sein Herz aber wurde, so wie er es verfügt hatte, in Kues begraben.

Cusanus hat als Bürgerlicher in der Kirche eine ungewöhnliche Karriere gemacht. Als Jurist und juristischer Berater war er Teilnehmer am Baseler Konzil, das eine der größten kirchlichen Streitfragen des Jahrhunderts klären sollte, nämlich: Steht die Versammlung der Bischöfe, also das Konzil, über dem Papst oder geht alle kirchliche Gewalt vom Papst aus? Wer soll die höchste Autorität haben? Cusanus unterstützte zunächst die Konzilspartei, weil er glaubte, nur so sei die größte Einheit zu gewährleisten. Er wechselte aber die Partei, als ihm das nicht mehr zuzutreffen schien, und es begann eine Zeit der Tätigkeiten im Dienste der Kurie.

Cusanus wurde zum Kardinal ernannt, und bei der anstehenden Papstwahl sollen auch einige Stimmen auf ihn gefallen sein. Gewählt wurde aber sein Freund Piccolomini. Der setzte ihn als Fürstbischof von Brixen ein unter Umgehung der sonst üblichen Wahl durch die dortigen Kanoniker. So blieb seine Zeit in diesem Amt auf vielerlei Weise angefochten, und er fürchtete sogar um sein Leben. Versuche, Kirche und Klöster zu reformieren, scheiterten. Sein Freund Papst Pius II. berief ihn nach Rom und ernannte ihn zum Generalvikar. Cusanus wollte die Kirche reformieren, war aber selbst in Missstände verwickelt und insbesondere durch sein Amt als weltlicher Fürst und Bischof vor eine unmögliche Aufgabe gestellt.

Bei seinen zahlreichen Visitationsreisen war er entsetzt über die Zustände im Klerus, über die Vermarktung von Wundern, das Konkubinat, Vetternwirtschaft, den Mangel an Bildung und die Unwissenheit der Gläubigen. Aus diesem Grund ließ er in Hildesheim Tafeln aufhängen mit den Texten vom *Vater Unser* und dem Glaubensbekenntnis.

Hier sah er ganz konkrete Unwissenheit vor sich, die er durch Information und Hilfestellung bekämpfen wollte. In seiner Schrift *Von der Wissenschaft des Nichtwissens* (De docta ignorantia) geht es um eine andere Dimension.

Als Diplomat der Kurie wurde er unter anderem damit beauftragt, eine Delegation nach Konstantinopel zu leiten. Es sollte versucht werden, die Spaltung der beiden christlichen Kirchen, der römisch-katholischen und der griechisch-orthodoxen, die damals schon fast 400 Jahr bestand, zu überwinden. Diese Reise wurde auch persönlich zu einer der wichtigsten für Cusanus. Zum einen wegen der beeindruckenden Begegnung mit der griechischen Kultur – man denke nur an den Besuch der *Hagia Sophia,* der Kirche der heiligen Weisheit, in ihrer Pracht und architektonischen Symbolik – und zum anderen wegen der Gelegenheit, auch hier Schriften zu erwerben. Aber ganz besonders wegen seiner spirituellen Erfahrung oder Schau, die ihm auf der Rückreise zuteilwurde. Wir wissen nichts über die Einzelheiten, aber wir wissen, dass diese Schau stattgefunden hat, weil Cusanus dieses Erlebnis in der Widmung zur Schrift *Von der Wissenschaft des Nichtwissens* an seinen Freund Kardinal Giuliano Cesarini aus den Tagen in Padua erwähnt. Er schreibt, dass er auf der Rückreise von Konstantinopel die Grunderfahrung des Nichtwissens oder der „belehrten Unwissenheit" gemacht habe:

Empfange nun, ehrwürdiger Vater, was ich schon längst auf den verschiedenen Wegen der Lehrmeinungen intensiv zu finden versucht habe, jedoch nicht finden konnte, als bis ich bei meiner Rückkehr aus Griechenland auf dem Meerwege dahin gelangte – meiner Meinung nach durch ein Geschenk des Himmels vom Vater der Lichter, von dem alle gute Gabe kommt –, das Unbegreifliche in nicht begreifender Weise in wissendem Nichtwissen zu erfassen im Aufstieg zu den unvergänglichen Wahrheiten, die nach menschlicher Erkenntnisweise nur erkennbar sind. Dieses nichtwissende Wissen habe ich jetzt mit Hilfe dessen, der die Wahrheit ist, in diesen Büchern dargestellt, (die auf der Grundlage desselben Prinzips gekürzt und erweitert werden können.) Es muss das dringendste Anliegen unseres menschlichen Geistes sein, sich zu jener Einfachheit zu erheben, wo das Widersprüchliche in eins zusammenfällt. (De Doc Bd 3 263/64)

Hier hören wir zum ersten Mal von der Koinzidenz, dem Zusammenfall oder auch Ineinsfall der Gegensätze, ja der Widersprüche, der zum zentralen Gedankengut des Cusanus gehört.

Wir erfahren aber nichts Näheres von dem tatsächliche Einheits- oder Erleuchtungserlebnis, sondern nur von den umwälzenden gedanklichen Auswirkungen. Seit zehn Jahren schon hatte sich Cusanus mit der Materie befasst, aber erst seit der Erfahrung auf See sah er klar. Manche Autoren versuchen sich auszumalen, was denn dort geschehen ist. Man kann sich vorstellen, dass ein Ort zwischen Ost und West, zwischen Himmel und Erde bzw. Wasser solch eine Erfahrung fördert. In seinem Buch *Wie erlangt man Erkenntnisse der höheren Welten?* schreibt Rudolf Steiner:

Es kann zum Beispiel jemand sehr weit auf dem Geheimpfad sein. Er kann sozusagen unmittelbar vor dem Öffnen der seelischen Augen und geistigen Ohren stehen; und dann hat er das Glück, eine Fahrt über das ruhige oder vielleicht auch das wildbewegte Meer zu machen, und eine Binde löst sich von seinen Seelenaugen: plötzlich wird er sehend. (zit. bei Meffert S. 76/77)

Schon der Titel *Vom Wissen des Nichtwissens* ist merkwürdig, und das spricht Cusanus in der Widmung an seinen Freund und Lehrer auch an. Nachdem er ihn zunächst wegen seiner Bildung gepriesen hat, spricht er von den bescheidenen Grenzen seines eigenen Verstandes und seinen Worten als einem kühnen Versuch, seine laienhaften Stümpereien darzulegen:

Ich wage zu hoffen, dass Dich bei Deiner Wissbegierde gerade das Erstaunen über diese Tatsache veranlassen wird, zu diesem Buche zu greifen, nicht als ob Du darin etwas bisher Unbekanntes vermutetest, sondern um den Grund ausfindig zu machen, der mich so kühn sein ließ, vom Wissen des Nichtwissens zu handeln. Die Naturlehre sagt, dass dem Hunger ein unangenehmes Gefühl am Eingang des Magens vorausgeht, auf dass die Natur, sich selbst zu erhalten bemüht, angeregt werde, sich zu kräftigen. So glaube ich mit Recht, dass das Staunen, die Ursache des Philosophierens, dem Wissensbegehr vorausgeht, damit der verstehende Geist, dessen Sein Verstehen ist, durch das Streben nach der Wahrheit vollendet werde. [...]

Das Ungewöhnliche lenkt unsere Aufmerksamkeit auf sich, auch wenn es sich in der Form von Abnormitäten zeigt. Deshalb magst auch Du [...] hier etwas Deiner Aufmerksamkeit Würdiges vermuten. Lass es Dir gefallen, dass ein Deutscher dir eine Denkmethode, wie auch immer du sie beurteilen magst, in theologischen Dingen vorführt, die unermüdliche Arbeit mir zu einer echten Herzenssache werden ließ.

Eine Denkmethode als Herzenssache angeregt durch Staunen.

Lassen wir uns hineinnehmen in die Haltung des Staunens und anregen von der Herzenssache des großen Vordenkers.

2. Vom Staunen zum Sehen – Wissen als Nichtwissen

Ihr erinnert euch: Cusanus sah das Staunen als Urantrieb allen Philosophierens, und so heißt unser Thema heute: *Vom Staunen zum Sehen.*

Staunen erfüllt uns, wenn wir etwas Wunderbares, Rätselhaftes, Schönes sehen. Es ist eine Haltung des sich Wunderns über etwas, das sich dem momentanen Verständnis entzieht. Es ist eine positive, offene Gestimmtheit gegenüber etwas Unbegreiflichem, Unerwartetem, Schönem.

Wenn Cusanus vom Staunen als Erkenntnisantrieb spricht, so fasst er das Staunenswerte als eine Provokation auf, die zu einem Erkenntnisfortschritt einlädt. Er möchte nicht, dass man bei diesem Staunen verweilt, sondern dass man von Staunen zu Staunen weitergeht.

An einer Stelle schreibt er:

Aber ein über alles Verstehen hinausgehendes, nicht ausdrückbares Staunen erfasst uns darüber, wer dann jener Meister ist, der nicht das Mangelhafte einer bloßen Ähnlichkeit, sondern wahres Eigenwesen ohne allen vorgegebenen Herstellungsstoff ins Sein hervorbringt? – Auf solchen Wanderungen dringen wir, von Bewunderung getrieben, zu Gott vor; der Geist brennt in Sehnsucht, ganz und unverlierbar zu finden, und er verzehrt sich in liebendem Verlangen, dass ihm doch endlich die Fülle des Heiles offenbar werde. (De Deo 48) Die Fülle des Heiles ist für ihn Sehen, Erkennen.

In der Pädagogik macht man sich dieses Phänomen des Staunens ganz bewusst zu Nutze. An den Anfang einer Stunde wird daher, z.B. ganz besonders in den Naturwissenschaften, ein Experiment gestellt, das dann Fragestellungen aufwirft, die denkerisch gelöst werden sollen. Das anfängliche Staunen bildet den Antrieb, die Frage zu lösen, und stellt einen hohen Motivationsfaktor dar.

Als guter Pädagoge will Cusanus seine Leser auf diese Weise vom Staunen zum Sehen führen. Mit Sehen ist hier nicht das Sehen mit den Augen gemeint, sondern Verstehen und Erkennen. Im Englischen sagt man „I see", „ich sehe", wenn man sagen will, dass man verstanden hat. Cusanus geht es um ein geistiges Sehen, eine geistige Schau. Gleichzeitig leitet er die Bedeutung des griechischen Wortes für Gott, „Theos", von einem Verb ab, das „sehen" bedeutet. Wir erkennen also schon hier, welch hohe Bedeutung er dem Sehen zumisst. Er schreibt:

Wir wollen nun schauen, ob der Name Theos oder Deus uns eine zum Gesuchten führende Hilfe bietet. Dieser Name Theos ist nicht d e r Name Gottes; dieser steht jenseits jeden Begriffs. Und was nicht begriffen werden kann, bleibt unsagbar. „Aussagen" bedeutet nämlich: etwas innerlich Begriffenes durch Laute oder andere darstellende Zeichen „hinaus sagen". Wessen Wesensgleichnis nicht begriffen ist, dessen Name bleibt unbekannt. – Theos ist Name Gottes nur für die Menschen in dieser Welt, die und insofern sie hier ihn suchen. Der Gottsuchende mag daher aufmerksam betrachten, wie in diesem Namen Theos gleichsam ein Weg umschlossen liegt, ein Weg, auf dem man Gott antrifft, auf dass man ihn gewinnen könne.

Das Wort Theos leitet sich ab von theoro, d.h. ich schaue, ich laufe. Der Suchende muss also mittels des Sehens laufen, dass er zum alles-sehenden Theos herankomme. Das Sehen ist also eine gleichnishafte Ähnlichkeit zu dem Wege, auf dem der Suchende voranschreiten muss. Es wird daher angebracht sein, das Wesentliche der sinnenhaften Schau vor dem Auge der geistigen Schau ausführlich darzulegen und uns daraus eine dem Anstieg dienende Leiter herzurichten. (Vom Gottsuchen Kap. 19, in: Drei Schriften vom verborgenen Gott, S. 8)

Cusanus nennt den ersten Versuch, seine Schau für andere sichtbar zu machen: *Wissen als Nichtwissen*

Die paradoxe Aussage des Titels lässt erstaunen und treibt den Leser an, in Erfahrung zu bringen, was der Autor, selbst von fragendem Staunen getrieben, über seine Erkenntnis von der letzten Wahrheit, von Gott, mitzuteilen hat. So sind wir eingeladen, staunend den Worten zu folgen, mit denen er versucht, denkend seine Erfahrung vom Nichtdenkbaren zu erklären. Für Cusanus ist unbestritten, dass es eine solche Wahrheit gibt. Selbst derjenige, der die Existenz einer solchen Wahrheit bestreite, habe ja eine geistige Vorstellung davon, sodass er sagen könne, es gäbe sie nicht.

Das, was er Wahrheit nennt, bezeichnet er auch als *Maximum*, als das *Größte, das größer nicht sein kann.* Dieses Größte, sein Maximum, umfasst alles, weil es kein Gegenteil haben kann. Denn sobald es ein Gegenteil hätte, könnte es ja immer noch größer werden. Ihm geht es aber um das Größte, das größer nicht werden kann. In diesem Maximum ist dann auch das Kleinste, das kleiner nicht werden kann, enthalten, ja beide fallen sogar in eins. Auch das Kleinste, das kleiner nicht werden kann, ist die höchste Steigerungsform. Die Gegensätze fallen also in eins. Als eine Illustration könnte der Film dienen, den ich erwähnt habe, in dem die Bilder des Kleinsten und des Größten in der Computersimulation identisch sind.

Der Verstand, die Ratio, arbeitet zur Erfassung der Wirklichkeit mit Kategorien von Gegensätzen und Vergleichen. Es macht nur Sinn, davon zu sprechen, dass etwas groß ist, wenn ich eine Vorstellung von klein mitdenke. Alle logische Verständigung lebt auch davon, dass sich Widersprüchliches ausschließt. Entweder etwas existiert, oder es existiert nicht. Entweder du hast es gesagt, oder du hast es nicht gesagt. Beides gleichzeitig geht nicht. Jedes sinnvolle Argumentieren wäre unmöglich, wenn man diese Kategorien nicht akzeptieren wollte.

Aus dem Gesagten ergibt sich, dass das Maximum, das Unendliche, für den Verstand, die Ratio, unerkennbar ist, da es sich aller Vergleichbarkeit entzieht, denn gäbe es etwas, womit es vergleichbar wäre, wäre es nicht unendlich.

Das Wissen vom Unendlichen kann folglich also nur ein *Nicht-Wissen* sein. Mit Nichtwissen ist hier nicht die Unwissenheit der Leute gemeint, die zur Zeit des Cusanus zu seinem Entsetzen noch nicht einmal den *Vater-Unser*-Text kannten und für die er eine Tafel aufstellen ließ. Mit diesem Nichtwissen ist auch keine Einladung zu einer resignativen Haltung gemeint, in dem Sinne: „Man kann ja sowieso nichts wissen, warum sich also anstrengen." Bei dem Nichtwissen als Wissen handelt es sich um ein Wissen, das seine eigenen Grenzen erkennt. Die Grenzen des vom Widerspruchssinn beherrschten Verstandesdenkens. Alles, was man über das Unendliche sagen kann, sind letztlich Mutmaßungen, aber der Erkenntnisweg geht durch die Mutmaßungen hindurch.

Das Verstandesdenken ist auf Vergleiche und Gegensätze angewiesen, aber anscheinend gibt es im Menschen auch ein Denken, dass das über allen Gegensätzen Stehende denken kann. Cusanus spricht vom „intellectus", der normalerweise mit Vernunft übersetzt wird. Es ergibt sich von selbst, dass damit nicht unser heutiger Alltagsgebrauch der Begriffe Intellekt oder Vernunft gemeint ist, die wir in der Regel mit Verstand gleichsetzen. Vielleicht wäre ein Wort wie Bewusstheit oder Bewusstsein naheliegender, aber diese Begriffe kannte Cusanus nicht. Im Zen dienen Koans dazu, die Schüler durch eine Rätselgeschichte direkt in Verwirrung zu stürzen und sie so in die Erfahrung des Nicht-Wissens zu führen. Der Verstand verzweifelt an der, wie er meint, unmöglichen Logik, bis sich das Problem durch den Zugang zu einer anderen Bewusstseinsebene löst.

So ist es auch bei der folgenden Geschichte aus der Koan-Sammlung *Shoyoroku*. Sie besteht aus einer Einleitung, einem Dialog zwischen Meister Jizo und einem älteren Mönch, der wohlgemerkt schon 30 Jahre lang auf der Suche nach Erleuchtung umhergewandert ist, und einem Kommentar. Alle drei Teile sind voller logischer Widersprüche. Manche Menschen können mit so einem Fall über Jahre oder ein ganzes Leben lang ringen. Wer kann es verstehen?

Einführung:

Die tiefe Rede, die in das letzte Prinzip führt, verachtet „Drei" und zerreißt „Vier". Der große Weg zu der Hauptstadt Choan führt in alle Richtungen. Wenn du plötzlich deinen Mund öffnest und in Fülle predigst oder wenn du deine Beine bewegst und Schritte machst, dann kannst du deine Essensschale mit dem Beutel an den Nagel hängen und den Wanderstab sogleich zerbrechen. Nun sage mir, wer ist so?

Nun folgt der entscheidende Dialog zwischen Meister und Suchendem:

Der Fall

Jizo fragte Hogen: „Wohin gehst du, älterer Mönch?" Hogen antwortete: „Ich bin auf Wanderschaft, gehe hierhin und dahin."

Jizo fragte: „Wieso bist du auf Wanderschaft?" Hogen antwortete: „Ich weiß nicht."

Jizo sagte: „Nicht-Wissen trifft genau zu." Hogen erlangte große Erleuchtung.

Der Vers, ein Kommentar, der zunächst auch rätselhaft wirkt, lautet:

Jetzt, am Ende der Übung, ist es gerade so wie am Anfang. Nachdem du dich von aller Verworrenheit befreit hast, erreichst du Nicht-Wissen. Lass es kurz sein oder lang – du hörst auf wegzuschneiden und zu flicken;
Folge dem Hohen oder folge dem Tiefen – es pendelt sich von selbst ein. Reichtum der Familie oder sein Mangel – du gebrauchst ihn den Umständen entsprechend; Du wanderst gemächlich herum in deinem Land, du gehst, wohin deine Füße dich führen. Dass du dich vor 30 Jahren auf Wanderschaft begabst – Wie klar verlief sie deinen zwei Augenbrauen entgegengesetzt!

Dreißig Jahre ist der ältere Mönch umhergewandert, bis ihm im Gespräch mit Meister Jizo das Aha-Erlebnis zuteilwird – so wie Cusanus auf dem Schiff beim Rückweg von Konstantinopel. Die Lösung liegt nicht in einem

Woanders – sie liegt zwischen den zwei Augenbrauen, also genau da, wo ich bin, aber auf eine nichtwissende Weise. Er musste auf Wanderschaft gehen, ähnlich wie der „verlorene Sohn" der Bibel, um das zu erkennen.

Viele christliche Mystiker sprechen von ihrer Erfahrung als von einem Nicht-Wissen. Der englische Mönch aus dem 14. Jahrhundert nannte seine Schrift *Die Wolke des Nicht-Wissens*. Der spanische Mystiker Johannes vom Kreuz aus dem 16. Jahrhundert nennt es Nada. Nichts. Was er sieht, auf jeder Stufe, bei der Besteigung des Berges Karmel, ist Nada.

Kehren wir zu Cusanus zurück. Wir lernten: Alles ist das absolut Größte. (Absolut heißt herausgelöst, herausgelöst aus den Bestimmungen und Vergleichen.)

Wenn das so ist, dann ist auch das Universum als Abbild des absolut Größten unendlich. Und wenn etwas, das Einheit ist, also Gott, das Unendliche, das erste Prinzip, sich entfaltet, so ist in allem, als was es sich entfaltet, diese Einheit. So findet sich in allem das Größte oder die Einheit. In dem Einen ist alles eingefaltet, was sich dann als Vielheit und Verschiedenheit ausfaltet. So ist z. B. *die Ruhe die Bewegung einfaltende Einheit.* Cusanus schreibt:

Die Bewegung ist, genau betrachtet, nacheinander geordnete Ruhe. Sie ist also die Entfaltung der Ruhe. In gleicher Weise ist das Jetzt, d.h. die Gegenwart, die Einfaltung der Zeit. Die Vergangenheit war ja Gegenwart, die Zukunft wird Gegenwart sein. In der Zeit findet sich also nur geordnete Gegenwart. Die Vergangenheit und die Zukunft sind die Entfaltung der Gegenwart. Die Gegenwart ist die Entfaltung aller Gegenwarten und die gegenwärtigen Zeitmomente sind ihre reihenweise Entfaltung. Es findet sich in ihnen nichts als Gegenwart. (De doc II, 3, 106)

Seine Erkenntnis lautet:

In allem, was wirklich existiert, ist Gott, da er die Wirklichkeit aller Dinge ist [...] Gott ist durch alles in allem und alles ist durch Gott. (De doc II, 5, 118)

Bei aufmerksamer Betrachtung wirst du auch sehen, dass jedwedes Ding, das wirklich existiert, darin seine Ruhe findet, weil alles in ihm es selbst ist und es selbst in Gott Gott ist. Du siehst die bewunderungswürdige Einheit, die staunenswerte Gleichheit und die bewunderungswürdigste Verknüpfung der Dinge, damit alles in allem sei. (De doc II, 5,120)

Diese Ausführungen des Cusanus zeigen, dass er einen holistischen, also ganzheitlichen Begriff von Wirklichkeit und Wahrheit hat. Und das hat wiederum weitreichende Konsequenzen. Es bedeutet nämlich, dass alles mit allem verbunden ist. Die Natur kann dann nicht mehr als bloß außermenschliches Sein betrachtet werden (heute sprechen viele leider nicht mehr von Natur, sondern nur noch von Umwelt), und auch der Mensch kann nicht mehr nur als der Natur und auch Gott entgegengesetztes Wesen betrachtet werden. Auch die Konzentration auf Einzelnes als von anderem Abgetrenntes ist dann absurd.

Es bedeutet für eine umfassende und damit dem Wahren gemäße Erkenntnisweise: Nur wer das Ganze im Einzelnen sieht, erkennt das Einzelne, aber auch nur dann, wenn er das Einzelne zugleich im Ganzen denkt. *Im Stein ist alle Realität als Stein.* (De doc)

Im Gottmenschen Jesus sind für Cusanus das absolut Größte und das Universum als sein Abbild vereint in der menschlichen Gattung.

Die unendliche Einheit verbindet sich mit dem Menschen als der „allgemeinen Natur". Eine größere Einheit kann nicht gedacht werden. Denn die menschliche Natur fasst in sich die sinnliche und geistige Welt zusammen. Christus ist der Mensch, wie er vollkommener nicht sein könnte, *homo maximus*. Er ist die Totalität der Spezies. Er steht daher jedem einzelnen näher als Bruder oder Freund. Die Menschwerdung ist kein vereinzeltes, bloß faktisch hinzunehmendes Ereignis; sie offenbart den Sinn der Menschheit.

Für ihn ist die Menschheit Jesu die maximale *humanitas* und umfasst alle Menschen. In ihm hat die Menschheit selbst gelitten und wurde auferweckt (vgl. Paulus) Der Mensch ist die universale Kreatur, die Geistiges und Stoffliches verbindet. (vgl. Flasch 1998, S. 102)

In seinem Buch *Vom Wissen des Nichtwissens* ist ausdrücklich von Wissen und Nichtwissen, nicht aber von Glauben die Rede.

Wenn das Wissen der Ausgangspunkt wird, muss zur Sprache kommen, wie wir wissen, wie wir Übergegenständliches wissen können. Cusanus sagt dazu, dass wir es wissen, indem wir es nicht wissen. Dieser Gedanke ändert tiefgreifend den Begriff von Gott, Welt und Christentum.

An einem später verfassten Lehrgespräch wird das anschaulich. Die beiden Rollen heißen *Heide* und *Chris*t, wobei die Bezeichnungen nicht in erster Linie etwas mit Glaubenszugehörigkeit zu tun haben, sondern der Heide ist im Ratiodenken verhaftet und stößt durch das Gespräch mit dem Christen zu einem neuen Denken vor. Immer wenn der Heide glaubt, ein klares Verständnis, einen Begriff, gefunden zu haben, wird der wieder in Frage gestellt. Es ist zum Verrücktwerden. Und genau das soll passieren. Er soll verrückt werden.

Heide: *Ich sehe dich hier so voller Hingabe und echtem liebendem Verlangen aus Herzensgrund beten, wer bist du?*

Christ: *Ich bin ein Christ.*

Heide: *Was betest du an?*

Christ: *Gott.*

Heide: *Wer ist Gott, den du anbetest?*

Christ: *Ich weiß es nicht.*

Heide: *Wie kannst du so mit Einsatz deines Selbst anbeten, was du nicht kennst?*

Christ: *Weil ich kein Wissen habe, bete ich an.*

Heide: *Sonderbar, da sehe ich einen Menschen sich an etwas hingeben, was er nicht kennt.*

Christ: *Mehr zu verwundern ist, wenn der Mensch einer Sache anhängt, die er zu kennen meint.*

Heide: *Warum?*

Christ: *Weil er das, was er zu wissen vermeint, weniger weiß als das, von dem er weiß, dass er das Wissen nicht hat.*

Heide: *Erkläre mir das bitte.*

Christ: *Wer immer meint, etwas zu wissen, indes doch nichts gewusst werden kann, scheint mir nicht bei Sinnen zu sein.*

Heide: *Mir scheint vielmehr, dass du ganz und gar nicht bei Verstand bist, der du sagst, es könne nichts gewusst werden.*

Christ: *Ich verstehe unter Wissen: von der Wahrheit Besitz ergreifen; wer immer erklärt, er wisse, behauptet damit, die Wahrheit in Besitz genommen, erfasst zu haben.*

Heide: *Eben dies glaube auch ich.*

Christ: *Wie aber anders als durch sich selbst kann die Wahrheit erfasst werden? Denn sonst gäbe es ja einen Erfassenden vor der Wahrheit und dann die Wahrheit, die erfasst wird, und das ist unmöglich...*

Heide: *Das sehe ich nicht ein.*

Christ: *Außerhalb der Wahrheit selbst gibt es keine Wahrheit, ...*

Heide: *Welcher Mensch ist dann wissend, wenn nichts gewusst werden kann?*

Christ: *Der ist für wissend zu halten, der sich unwissend weiß; und der verehrt die Wahrheit, der weiß, dass er ohne sie nichts zu eigen gewinnen kann, weder Sein noch Leben noch Einsicht.*

Heide: *Das ist es wohl, was dich zur Anbetung gedrängt und hingezogen hat: das Verlangen, **mit deinem ganzen Sein in der Wahrheit zu stehen.***

Jetzt glaubt der Heide, er hat es begriffen und fragt weiter:

Heide: *Also nichts ist Gott?*

Christ: *Das Nichts ist er nicht, hat doch dies Nichts den Namen des Nichts.*

Heide: *Wenn Gott doch nicht das Nichts ist, ist er also irgendetwas?*

Christ: *Auch das nicht, denn „irgendetwas" ist abgehoben gegen „alles"; Gott aber ist nicht eher irgendetwas als alles.*

Heide: *Seltsames behauptest du: der Gott, den du verehrst, sei nicht nichts und sei nicht irgendetwas; das fasst kein Verstand.*

(Vom verborgenen Gott 1-3, 9 in: Drei Schriften... S. 1ff.)

Für Cusanus ist der Verstand, die Ratio, nur eine Funktion der Vernunft, des Intellekts. Sie ist ein Teil des Bewusstseins (nicht der Herr, sondern ein wichtiger Diener). Er meint: Durch die Weise des Nichtwissens, also der Wahrnehmung der Ratio in ihrer Begrenztheit, kommt man der Wahrheit näher, weil man sie berührt „auf nicht berührbare Weise." (I,4)

Denn dann erkennt man nicht durch Vergleichen, sondern durch „Berühren". Das heißt, unsere geistigen Fähigkeiten gehen über das Verstandesdenken hinaus, denn sonst wäre eine solche Distanzierung gar nicht möglich. Dieses wissende Nicht-Wissen nennt Cusanus Sehen. (vgl. Flasch 1998 S. 107-110)

Goethe wird später schreiben: „Wär' nicht das Auge sonnenhaft, wie könnt' es Dich erschauen."

Der Weg, den Cusanus vorschlägt, ist unser Weg der Kontemplation. Im letzten Kapitel seiner Schrift *Vom Gottsuchen* schreibt er:

Schließlich gibt es noch einen Weg, auf dem du in dir selbst Gott suchen kannst: im Beiseitelassen alles Begrenzten.

Er sagt, man solle sich einen Künstler vorstellen, der aus Holz das Gesicht eines Königs schnitzen möchte. Er hat eine geistige Vorstellung davon, dass das Gesicht in diesem Holz ist, und er schnitzt es heraus, indem er alles Begrenzende, alles Überflüssige wegschneidet.

Während du also von Gott begreifst, dass er jenseits des Begreifens ist, schließt du alles von ihm aus, was begrenzt und eingeschränkt ist. So kann man die *Körperlichkeit,* die *Sinne,* die *Lichtfülle der Sonne* usw. ausschließen, denn alle *sind in Vermögen und Wirkkraft begrenzt.* Zuletzt verwirfst du auch den Verstand und sogar die geistige Vernunft, denn auch sie sind in ihren Möglichkeiten begrenzt. *Gott ist nicht Vernunft.*

Es geht ihm darum, alle Begrenztheit und damit auch alle Vorstellungen von Gott zurückzulassen.

Wolltest Du auch weitersuchen, du fändest in dir nichts Gottähnliches; wohl aber versichertest du, Gott stehe über all dem, was in dir ist, als Grund, Ursprung und Licht des Lebens deiner vernunfthaft einsehenden Seele.

Und er folgert, auf Augustinus verweisend: *Und du freust dich Gott gefunden zu haben, wie er dir* ***innerlicher ist als dein innerstes Wesen****, wie er gleichsam die Quelle des Guten ist, aus der dir alles zufließt, was du hast. In deinem Inneren wendest du dich ihm zu; Tag um Tag dringst du tiefer vor; du lässt alles zurück, was außerhalb liegt und nach außen führt, auf dass du auf dem Wege erfunden werdest, auf dem Gott gefunden wird, und auf dass du ihn nach dieser Zeit in der Wahrheit zu erfassen vermögest. Dies möge dir und mir er selbst verleihen, der sich denen, die ihn lieben, großmütig schenkt, der ewig Gepriesene. Amen.* (Vom Gottsuchen Kap V. in: Drei Schriften... S. 26/27)

Gehen wir in unsere Übung und verweilen wir heiter entschlossen in liebendem Aufmerken, auf dass wir vom Staunen zum Sehen finden und mit unserem ganzen Sein in der Wahrheit stehen.

3. Sehen ist Lieben – Vom Sehen Gottes

Die Schrift *Vom Wissen des Nichtwissens,* in der Cusanus versuchte, seine Erfahrung auf philosophische Weise darzustellen, traf in seiner Zeit auf sehr unterschiedliche Reaktionen. Ein Professor Wenck, ebenfalls Teilnehmer am Baseler Konzil auf der Seite der Konziliaristen, las die Schrift sehr kritisch und versuchte nachzuweisen, dass sie der Lehre der Kirche in mehreren Punkten widersprach. Darauf antwortete Cusanus später in aller Ruhe und ohne Gefährdung, als er Kardinal und Stellvertreter des Papstes war.

Für uns wichtiger ist die Reaktion der Benediktinermönche vom Tegernsee. Sie waren so angeregt und interessiert, dass sie ihn um weitere Belehrung und Klärung baten. Durch ihr Bitten und Drängen lockten sie aus Cusanus zwei weitere Schriften hervor, die er zehn bzw. achtzehn Jahre später abschloss: *De Visione Dei, Vom Sehen Gottes,* sein poetischster Text, der zu den meistgelesenen Schriften des 15. Jahrhunderts wurde, und *De Beryllo, Von der Brille,* mit weiteren Klarstellungen.

Die Mönche wollten wissen, ob der Aufstieg zu Gott durch Einsicht oder durch Liebe geschehe. Cusanus wird natürlich antworten, dass beide in eins fallen, dass sie koinzidieren. So viel schon einmal vorweg.

Er schickte ihnen die Schrift *Vom Sehen Gottes* zusammen mit einem Bild, von dem er schon in einem Brief vorher angekündigt hatte, es sei das Bild eines Allsehenden, der alles und jedes einzelne Ding zugleich anblicke. Ein solches Bild führe in sinnenhafter Weise ein in die mystische Theologie. Es gebe durch Anschauung Gewissheit. In dem Buch selbst wird eine Erfahrung beschrieben, die die Selbsterfahrung der Mönche anregen soll.

Besonders aufschlussreich ist die Widmung, die er dem eigentlichen Text voranstellt.

Hiermit will ich euch, ***geliebte Brüder****, kundtun, was ich euch früher bezüglich der Leichtigkeit* ***der mystischen Theologie*** *versprochen habe. Denn ich erachte euch, die ich als vom Eifer für Gott geleitet kenne,* ***für würdig****, dass euch dieser Schatz eröffnet wird. Dabei bete ich vor allem anderen, dass sich mir das Wort von oben und die allmächtige Rede schenke, die allein sich selbst eröffnen kann, damit ich* ***entsprechend eurer Fassungskraft*** *das Wunderbare darlegen kann, das* ***sich über jedes sinnliche, verstandesmäßige und einsichthafte Sehen hinaus offenbart.***

Näherhin werde ich versuchen, euch auf die einfachste und allgemein verständlichste Weise auf dem Wege der ***Erfahrung*** *in die allerheiligste Dunkelheit hineinzugeleiten. Wenn ihr dort seid und die Gegenwart des unzugänglichen Lichtes fühlt, möge jeder von sich aus versuchen, sich auf die* ***Weise, die ihm von Gott gewährt wird,*** *immer mehr zu nähern und dabei* ***schon hier*** *wie in einer ganz köstlichen Probe jenes Mahl der ewigen Glückseligkeit vorauszuverkosten, zu dem wir berufen sind im „Wort des Lebens" durch das Evangelium Christi, der allzeit gepriesen ist.* (De Vi,1)

Die Schrift *Vom Sehen Gottes* ist an seine *geliebten Brüder* gerichtet. Der persönliche Bezug erlaubt eine intime und poetische Sprache.

Er will schreiben über die Leichtigkeit der *mystischen Theologie*. Mit dem Begriff mystische Theologie bezieht er sich auf Dionysius Areopagita, auch Pseudo-Dionysius genannt, den er außerordentlich geschätzt hat und in dessen Tradition er sich stellt.

Unter dem Schrifttum des Pseudo-Dionysius versteht man die Schriften, die im Mittelalter dem Dionysius zugeschrieben wurden, den Paulus auf dem Areopag zu Athen nach Apg. 17 bekehrt hat. Das Schrifttum ist aber eine Sammlung griechischer neuplatonisch-christlicher Texte aus dem 5. Jahrhundert. Es ist nicht mehr festzustellen, ob Cusanus einer Täuschung zum Opfer fiel oder ob er, wie im Mittelalter üblich, akzeptiert, dass die Schriften, die im Geist und in der Tradition einer Person verfasst wurden, auch als die Schriften dieser Person angesehen werden. Denken wir nur an die Paulusbriefe, die zum Teil von Paulus stammen, zum Teil aber auch von seinen Schülern. Trotzdem gelten alle Briefe in der Tradition als Paulus-Briefe. Die Schriften des Dionysius (bzw. Pseudo-Dionysius) hatten im Mittelalter eine große Bedeutung und einen entscheidenden Einfluss auf die mystische Theologie, vor allem durch die Schrift „Peri mystikes theologias", haben sie doch vor allem das Problem des geistigen Aufstiegs des Einzelnen zu Gott zum Inhalt.

Die Schrift handelt davon, dass der Mensch in der mystischen Einigung das Sichtbare und Vorstellbare hinter sich lässt und in ein Dunkel eintritt. Gottes eigentliches Wesen sei nicht ausdrückbar und könne nur durch Verneinung beschrieben werden.

In diesem überlichthaften Dunkel zu sein wünschen wir, und durch Unsehen und Unerkennen zu sehen und zu erkennen das über dem Schauen und über der Erkenntnis stehende Nicht-sehen und Nicht-erkennen – denn das ist das wahrhafte Sehen und Erkennen [...] (Dionysius S. 93)

Denn je mehr wir in die Höhe emporstreben, umso mehr verengt sich in dem Maße, wie sich die Umschau im Geistigen erweitert, der Bereich der Worte, wie wir auch jetzt, in das übergeistige Dunkel uns versenkend, nicht wortkarge Rede, sondern Redelosigkeit und Denklosigkeit vorfinden werden [...] (Dionysius S. 95)

Demnach vollzieht sich die mystische Einigung in der Weise, dass der Geist des Menschen das Sichtbare und Vorstellbare hinter sich lässt und in ein Dunkel eintritt. Gottes eigentliches Wesen ist nicht ausdrückbar, sondern kann nur durch Verneinung annähernd beschrieben werden. Gott ist nicht fassbar, nicht sichtbar etc. Deswegen spricht man auch von „negativer Theologie". Die Vereinigung mit Gott übersteigt jedes menschliche Begreifen und kann nur in einem Nichtwissen erreicht werden. (Kandler S. 23) Wir werden noch sehen, dass Cusanus über diesen Ansatz der negativen Theologie hinausgeht. Man erkennt das z.B. an Worten, die er mit 63 Jahren kurz vor seinem Tod niederschrieb. Hören wir ihn selbst:

Früher glaubte ich, die Wahrheit sei eher im Dunkeln zu finden. Aber die Wahrheit ist von großer Mächtigkeit. Das Können-Selbst (einer der Gottesnamen, des Cusanus) *leuchtet hell in ihr auf. Sie schreit auf den Plätzen. Sie zeigt sich mit großer Gewissheit. Von überall her ist sie leicht zu finden.* (Anfang April 1464, zit. bei: Flasch, Reclam S. 92)

Cusanus spricht von der *Leichtigkeit* des mystischen Aufstiegs. Er ist also sehr optimistisch, was die Zugänglichkeit zur Mystik angeht. Vergessen wir aber nicht: Es handelt sich um etwas, das sehr leicht, aber nicht einfach ist. Er möchte die Mönche auf dem *Weg der Erfahrung* zur Schau bringen. Das bedeutet, er will sie nicht belehren über Glaubensinhalte, sondern er will sie zu einer Selbsterfahrung anleiten, auf Grund derer sie zu Einsicht und Wissen kommen können.

Er will ihnen *das Wunderbare darlegen, das sich über jedes sinnenhafte, verstandesmäßige und einsichtshafte Sehen hinaus offenbart.* Es geht ihm also um ein Sehen, das über die optische Wahrnehmung hinausgeht, aber auch über ein Sehen der Bewegungen des Verstandes hinaus.

Er hält die Mönche für *würdig*. Cusanus hielt nicht alle Menschen für die mystische Theologie geeignet und glaubte, eine gewisse Reife voraussetzen zu müssen, die er bei den Mönchen gegeben sah. Er will ihnen zum Einstieg in die Erfahrung verhelfen, und dann, *wenn die Gegenwart des unzugänglichen Lichtes* erfahrbar wurde, soll *jeder auf seine Weise* auf dem Weg fortfahren. Er macht also keine Vorschriften zur Form und gesteht individuelle Verschiedenheit der Veranlagung und der Wege zu, die zu weiterer Annäherung an das Geheimnis, den Schatz, führen.

Er verspricht, dass es möglich sei, *schon hier* etwas vorauszukosten. Die Erfahrung der Einung oder Seligkeit wird also nicht grundsätzlich in ein Jenseits nach dem Tode verlegt.

Kommen wir nun zum Text selbst: *Vom Sehen Gottes*. Schon der Titel ist mehrdeutig. Einerseits könnte es heißen, dass Gott sieht, andererseits, dass Gott gesehen wird. Haben wir auch nur etwas vom Ineinsfall der Gegensätze und Widersprüche verstanden, so ahnen wir, dass beide Bedeutungen gleichermaßen zutreffen werden.

Am Anfang der Schrift *Vom Sehen Gottes* wird das Bild eines Allsehenden vorgestellt, und Cusanus gibt Anweisungen dazu, wie man es aufhängen und was man dann machen soll. Er gibt also zu Beginn Anweisungen für ein Experiment. Das Bild ist nicht ein Andachtsbild im landläufigen Sinne. Cusanus bezeichnet es als „Ikone Gottes", aber nicht, weil darauf Christus oder Gott als Schöpfer dargestellt ist, sondern weil es sich um das Bild eines Allsehenden handelt. Das bedeutet: Es sieht für jede Person, die das Bild betrachtet, so aus, als würde nur sie und genau sie angesehen. Tauschen zwei Personen die Plätze, so haben sie den Eindruck, dass der Blick mit ihnen wandert, während alle anderen den Eindruck haben, der Blick verharre in Ruhe.

Das ist die Ausgangssituation, die die Auffassungsgabe des Verstandes irremacht. Entweder der Blick ruht oder er wandert. Entweder er ist bei mir oder er ist bei jemand anderem. Bei dem Bild suchen wir eine Erklärung in der Maltechnik, wir denken: „Da ist ein Trick dabei", denn der Verstand kann die Gleichzeitigkeit nicht als real denken. Und das ist genau der Punkt.

Der Stil des Buches wandelt sich jetzt. Während wir zunächst Anweisungen für das Experiment folgen sollten, werden die Leser nun in die gebetsartige Betrachtung des Autors hineingezogen, der an seinem inneren Dialog mit Gott teilhaben lässt. Weil jetzt immer die erste Person spricht – „Ich" –, kann sich der Leser, die Leserin umso mehr mit der Rolle des Meditierenden identifizieren, der in seinem Erkennen das Bild als Gleichnis sieht und über es hinausgeht.

Voll Bewunderung sehe ich, Herr, weil Du alle und die Einzelnen anblickst – wie es auch dieses gemalte Bild darstellt, das ich anschaue -, dass in Deiner Sehkraft das Allgemeine mit dem Einzelnen ineins fällt. Aber ich merke: meine Vorstellung fasst es deswegen nicht, wie das geschieht, weil ich in meiner Sehkraft Dein Sehen suche. Da dieses nicht durch ein sinnliches Organ beschränkt ist, wie das meine, deshalb täusche ich mich in meinem Urteil.

Cusanus schlüpft hier in die Rolle des Menschen, der sich von Gott, also von der Unendlichkeit oder wie immer man die Vokabel füllen möchte, ein menschengemäßes Bild macht. Dieser Mensch erkennt dann aber seine Beschränktheit und merkt, dass er sich wegen der Begrenzungen, die ihm seine menschlichen Gegebenheiten auferlegen, in seinem Urteil täuschen muss.

Das Gesicht, dessen Blick gleichzeitig gegensätzlich ist, ist für den Beter eine Analogie zum Wesen des Seins, das gleichermaßen in allem vorhanden ist als Urbild, das selbst keine Form hat, aber in allen Formen ist als das „Können-Selbst." Oder das „Nicht-Andere".

So erfahre ich, dass ich in die Finsternis eintreten, über jedes Fassungsvermögen des Verstandes hinaus den Ineinsfall der Gegensätze zugestehen und dort die Wahrheit suchen muss, wo Unmöglichkeit begegnet. Und jenseits dieser, auch über jeden höchsten Aufstieg der Einsicht hinaus, wenn ich gelangt sein werde zu dem, was jeder Einsicht unbekannt ist und was jede Einsicht als ganz entfernt von der erkennbaren Wahrheit beurteilt, dort bist Du, mein Gott, der Du absolute Notwendigkeit bist. Und je mehr diese mit Dunkel bedeckte Unmöglichkeit als finster und unmöglich erkannt wird, desto wahrer leuchtet die Notwendigkeit auf, desto weniger verhüllt ist sie gegenwärtig und nähert sie sich.

Deshalb sage ich Dir Dank, mein Gott, weil Du mir eröffnest, dass es keinen anderen Weg des Zugangs zu Dir gibt als den, der allen Menschen, auch den gelehrtesten Philosophen, gänzlich unzugänglich und unmöglich erscheint. Du hast mir ja gezeigt, dass Du nur dort gesehen werden kannst, wo Unmöglichkeit begegnet und entgegentritt; und Du, Herr, du Speise der Starken, hast mich ermutigt, mir selbst Gewalt anzutun, weil die Unmöglichkeit mit der Notwendigkeit in eins fällt.

So habe ich den Ort gefunden, an dem Du unverhüllt gefunden werden kannst. Er ist vom Ineinsfall der Gegensätze umgeben. Er ist die Mauer des Paradieses, in dem du wohnst. Seine Pforte bewacht der höchste Geist des Verstandes. Wird dieser nicht besiegt, wird der Zugang nicht offen sein.

Jenseits also des Ineinfalls der Gegensätze wirst du gesehen werden können, keineswegs diesseits. Wenn also Unmöglichkeit Notwendigkeit ist in Deinem Blick, so gibt es nichts, was Dein Blick nicht sieht. (De V 9, 36/37)

So beginne ich am Eingang des Ineinsfalls der Gegensätze, die der am Zugang des Paradieses aufgestellte Engel bewacht, Dich, Herr zu sehen. Denn Du bist dort, wo Reden, Sehen, Hören, Verkosten, Berühren, Überlegen, Wissen und Einsehen dasselbe sind und wo Sehen mit Gesehenwerden, Hören mit Gehörtwerden, Verkosten mit Verkostetwerden, Berühren mit Berührtwerden, Reden mit Hören und Schaffen mit Reden ineins fällt. (De V 10,40)

Wir kommen hier zu einem weiteren zentralen Bild, dem vom Paradies, das von einer kreisrunden, undurchdringlichen Mauer umgeben ist. Wie der mit seinen menschlichen Sinnen sehende und mit seinem Menschenverstand denkende Beter stellen wir uns diese symbolische Darstellung nach menschlichem Maß vor. Da ist ein Paradiesgarten, der Wohnort Gottes, umgeben von einer dicken, undurchdringlichen Mauer. Es gibt ein Innen, da ist das Paradies, und es gibt ein Außen, da ist der Mensch, vom Innen durch eine Mauer getrennt, die er nicht überwinden kann. Es handelt sich aber um ein Bild für etwas Geistiges, für geistige Zusammenhänge. Das, was im Paradies wohnt, ist nicht ein menschenähnliches Wesen, sondern das Urbild des Seins, der Urgrund des Lebens, das Sein an sich. Dieses Sein ist der Ursprung von allem, was ist, und da das, was ist, voller Gegensätze und Widersprüche ist, die gleichzeitig existieren, wie uns die Betrachtung des Gemäldes gezeigt hat, muss dieses Urbild alle diese Widersprüche als Möglichkeit enthalten und darüber hinausgehen, denn es ist selbst absolut, also herausgelöst.

Der Zugang ist versperrt durch den Verstand: *Die Pforte ist bewacht durch den höchsten Geist des Verstandes,* der Urgrund unseres Universums ist.

Ein Zugang zu dieser Einsicht, zum Paradies, ist also nur möglich, wenn der Verstand, die Ratio, denkerisch überwunden wird, wenn die Widersprüche als ineins fallend gedacht werden. Ist es dem Bewusstsein möglich, sich auf diese Weise zu erweitern, dann ist die Mauer übersprungen, das Tor geöffnet und auch der Gegensatz von innen und außen überwunden. Denn dann fallen auch sie ineins. Der oder die Schauende sieht, dass es gar keine Mauer gibt, dass es nur so schien, als man noch dem Denken, der Ratio, verhaftet war. Der vorherige Zustand könnte dann als Illusion oder als Traum erscheinen.

Wer das geschaut, erfahren hat, für den schlüsseln sich immer weitere Bereiche auf.

Der Meditierende fragt z.B.: Wie kommt es, dass nicht alles gleichzeitig, sondern vieles nacheinander ist? Wie stammt so viel Verschiedenes aus einem Entwurf?

Und die Antwort, die dem betenden Frager in der Schrift *Vom Sehen Gottes* kommt, ist: *Das Entwerfen, das Schöpfen ist identisch mit der Ewigkeit, und auch die Aufeinanderfolge ist immer nur die eine Ewigkeit, ist eins.* In Vergangenheit und Jetzt und Zukunft ist immer die eine Gegenwart. (De V, Kap. 10)

Was das bedeuten könnte, wurde mir einmal klar, als ich einen Literaturmarathon in Köln verfolgte. Dort werden 24 Stunden lang die unterschiedlichsten Ausschnitte aus der Literatur zu einem Thema, z.B. Traum oder Unterwelt, vorgelesen. Die Dauer beträgt jeweils ca. 10 Minuten. Ich hatte gedacht, dass es eine Steigerung geben würde und dass zum Schluss eine Art Höhepunkt zu erwarten wäre. Aber als ich kurz vor 22 Uhr den letzten Text hörte, war der Marathon einfach so zu Ende. Ich war etwas enttäuscht, bis mir deutlich wurde: Jedes einzelne Stück war ein Höhepunkt, war das Ziel, wenn man so will. In jedem entfaltete sich das Thema auf einzigartige Weise.

Dein Erschaffen nämlich ist Dein Sein. Erschaffen und erschaffen werden sind auch nichts anderes, als dass Du Dein Sein allem mitteilst, so dass Du alles in allem bist und dennoch gänzlich gelöst bleibst von allem [...] Und jenseits dieses Ineinsfalls von Erschaffen mit dem Erschaffen-Werden bist Du der absolute und unendliche Gott, weder erschaffend noch erschaffbar, wenngleich alles das ist, was es ist, weil du bist. (De V 12,49)

Die Haltung des Meditierenden kann man beschreiben als liebend, dankbar, preisend, staunend, fragend, und in dieser Haltung der Hingabe nähert er sich; wird er hineingenommen in das Sein, das Liebe ist, und er sieht das Verhüllte unverhüllt.

Trennung und Verbindung, Himmel und Erde fallen in eins – koinzidieren.

So deutet uns Cusanus auf seine Weise die Bedeutung der Worte des Liedes:

Im Anschauen Deines Bildes,
da werden wir verwandelt in Dein Bild.

Lassen wir uns wandeln. In jedem Augenblick. Das ist unsere Lebensübung. Das ist Leben.

4. Alltag als Koinzidenz – Schauplatz des Lebens

Cusanus ging es vielleicht ähnlich wie dem Helden einer Geschichte, die ich bei Paul Watzlawik zitiert gefunden habe. Viele kennen den Autor sicherlich durch sein Buch *Anleitung zum Unglücklichsein*, aber diese Geschichte stammt aus *Wie wirklich ist die Wirklichkeit?* Sie handelt nicht nur von der Existenz vieler verschiedener Dimensionen, sondern verdeutlicht auch die Schwierigkeit und Relativität der Wahrnehmung und vor allem der Verständigung darüber. Die Charaktere in dieser Geschichte sind allesamt geometrische Figuren.

Der Held ist ein Quadrat und lebt in ***Flachland.*** *So auch der Titel der Geschichte. Außer unserem Helden, dem Quadrat, gibt es noch Dreiecke, andere Formen von Vierecken, Fünfecke, Sechsecke usw. Die Wahrnehmung aller Bewohner dieses Landes ist auf Länge und Breite begrenzt. Sie können sich auch nur Bewegungen in der Ebene nach vorne, hinten, rechts und links vorstellen. Sie sind eben flach. Eines Tages hat unser Quadrat einen Traum. Der entführt es nach* ***Strichland.*** *Die Bewohner sind, wir können es uns schon denken, Striche. Sie kennen nur die Dimension von Ausdehnung in der Länge und die Bewegung nach vorne und nach hinten. Deshalb haben sie natürlich den, der ihre Möglichkeiten am besten zu erfüllen scheint, zu ihrem König gemacht: den längsten Strich. Das Quadrat versucht den Strichen in ihrem eindimensionalen Land verständlich zu machen, wie es selbst aussieht, aber die Striche haben nur eine Vorstellung von Länge, nicht aber von Breite. Also beschreibt sich das Quadrat als eine Linie von Linien. Der König von Strichland hält ihn für geistesgestört und das Quadrat verliert schließlich die Geduld: „Obwohl ich dir unendlich überlegen bin, bin ich doch wenig im Verhältnis zu den großen Edlen von Flachland, von wo ich, in der Hoffnung deine Unwissenheit zu erleuchten, gekommen bin.“ Das klingt nach Wahnsinn und Entmachtung des Königs. Deshalb stürzen sich natürlich alle strich- und punktförmigen Untertanen auf das Quadrat, um es zu lynchen. Da klingelt der Wecker und das Quadrat wacht zu seinem Glück wieder in der flachländischen Wirklichkeit auf.*

Im Laufe des Tages muss sich das Quadrat schon wieder sehr ärgern. Es gibt seinem Enkel, einem Sechseck, Rechenunterricht. In Flachland ist es Naturgesetz, dass die männlichen Nachkommen immer eine Ecke mehr haben als der Vater. Wenn die Seitenzahl so groß ist, dass sich die Figur kaum von einem Kreis unterscheiden lässt, gehört die Person der Priesterkaste an. Das kleine Sechseck also erhält Unterricht in Geometrie und lernt, wie man Flächen berechnet. Dass z.B.

3^2 die geometrische Bedeutung von einem Quadrat mit der Seitenlänge 3 hat. Der Enkel ist sehr clever und will wissen, welche Bedeutung denn 3^3 hat. Das Quadrat tut das als völligen Unsinn ab. So etwas könne es nicht geben. Länge mal Breite und damit basta. Obwohl es selbst so schlechte Erfahrungen im Strichland gemacht hat, setzt es jetzt auch seine eigene Erfahrung der Wirklichkeit absolut. Das kleine Sechseck ist aber, wie Kinder das so schön sein können, beharrlich und fragt immer wieder, und obwohl das Quadrat den Enkel abwimmelt, bleibt es ihm auf einmal selbst als Frage. Plötzlich hört es eine Stimme: „Der Junge ist kein Dummkopf. 3^3 hat eine geometrische Bedeutung." Die Stimme gehört einem Besucher aus dem ***Raumland,*** *einer Kugel, die natürlich 3 Dimensionen hat. Die Kugel hat jetzt ihrerseits Schwierigkeiten, dem Quadrat verständlich zu machen, wie sie wirklich aussieht, weil dem Quadrat ja nur zwei Dimensionen zu Verfügung stehen. Die Kugel weiß sich nicht anders zu helfen, als sich angepasst an die Sprache und Vorstellung des Quadrates zu beschreiben als ein Kreis von Kreisen, der in seinem Heimatland, dem Raumland, Kugel genannt werde. Trotz der Erklärung kann das Quadrat die Person aber immer nur als Kreis sehen, allerdings mit für ihn unverständlichen Eigenschaften. Er wächst und nimmt wieder ab, schrumpft gelegentlich zu einem Punkt und kann das Haus des Quadrats trotz verschlossener Türen betreten, weil es von oben kommt. Die Idee „von Oben" ist dem Quadrat allerdings so fremd, dass es sich weigert sie zu glauben, und die Kugel sieht schließlich keinen anderen Ausweg als dem Quadrat eine Erfahrung von Raumland zu vermitteln. Die beschreibt das Quadrat wie folgt:*

„Ein unbeschreibliches Grauen packte mich. Da war Finsternis; dann eine schwindelerregende, schreckliche Sicht, die nichts mit Sehen zu tun hatte; ich sah eine Linie, die keine Linie war; Raum, der kein Raum war: ich war ich selbst und nicht ich selbst. Als ich meiner Stimme wieder mächtig war, schrie ich in Todesangst: „Dies ist entweder Wahnsinn, oder es ist die Hölle". „Es ist weder das eine noch das andere", antwortete die ruhige Stimme der Kugel, „Es ist Wissen; es sind drei Dimensionen: Öffne deine Augen wieder und versuche, ruhig zu blicken."

Das Quadrat ist trunken vor Freude über dieses überwältigende Erlebnis des Eintretens in eine neue Wirklichkeit und möchte nun weitere Welten erkunden, die Reiche von 4, 5 oder 6 Dimensionen. Davon will jetzt wiederum die Kugel nichts hören, weil sie ihre Wirklichkeit für absolut hält. Aus lauter Zorn schleudert sie das Quadrat wieder zurück in die enge Welt von Flachland.

Dort will jetzt natürlich das Quadrat von seiner Erfahrung erzählen und die anderen zum Evangelium von den 3 Dimensionen bekehren. Alle halten es für verrückt und es wird sogar ins Gefängnis gesperrt, damit es weder die Jugend noch alle anderen Bewohner verwirrt. Einmal im Jahr kommt dann der oberste Kreis, also eine Art Hohepriester, zu Besuch und erkundigt sich, ob es dem Quadrat schon bessergeht. Und jedes Jahr kann das arme Quadrat der Versuchung nicht widerstehen, den armen Kreis zu überzeugen, dass es eine dritte Dimension wirklich gibt – worauf der den Kopf schüttelt und sich ein weiteres Jahr nicht sehen lässt.

So weit die kleine Geschichte vom Flachland. Sie ist im Grunde genommen recht pessimistisch. Fast alle Charaktere bleiben beschränkt und auch ohne Interesse für irgendeine Erweiterung der Wahrnehmung und ohne Bewusstsein für die Relativität der eigenen Weltsicht. Das ist bei Cusanus ganz anders. Er ist optimistisch und zuversichtlich. Er ist auch gewiss, dass im Menschen alle Stufen angelegt sind und dass der Mensch Sehnsucht hat, zum vollen Menschsein mit allen Potenzen zu erblühen, dass der Mensch Sehnsucht nach der Dimension der Unendlichkeit, nach Gott hat. Gott ist für ihn die *Wahrheit, die in jeder Sehnsucht ersehnt wird.* (De V 16, 67)

Vielleicht auch so wie in der folgenden Situation: *Ein junger Mann kam zu einem Mönchsvater und sagte: „Ich möchte gerne dein Jünger werden." Da antwortete der Mönch: „Ich habe eine Bedingung. Du musst mir eine Frage beantworten: Liebst du Gott?" Da wurde der Schüler nachdenklich. Dann sagte er: „Eigentlich lieben – das kann ich nicht behaupten..." Der alte Mönch sagte freundlich: „Gut, wenn du Gott nicht liebst – hast du Sehnsucht danach, ihn zu lieben?" Der Schüler überlegte eine Weile und erklärte dann: „Manchmal spür ich die Sehnsucht ihn zu lieben, recht deutlich, aber meistens habe ich so viel zu tun, dass diese Sehnsucht im Alltag untergeht." Da zögerte der Mönchsvater und sagte dann: „Wenn du die Sehnsucht, Gott zu lieben, nicht so deutlich verspürst – hast du dann Sehnsucht danach Sehnsucht zu haben, Gott zu lieben?" Da hellte sich das Gesicht des Schülers auf, und er sagte: „Genau das habe ich. Ich sehne mich danach, diese Sehnsucht zu haben, Gott zu lieben." Der alte Mönch entgegnete: „Das genügt. Du bist auf dem Weg."*

Erkenntnis ist möglich, und Cusanus möchte die Menschen anleiten, wörtlich „an die Hand nehmen" und sie, um biblisch zu sprechen, ins gelobte Land führen. Dabei ruht er nicht, nach Anschauung zu suchen, ja die unterschiedlichsten Dinge werden ihm zum Gleichnis. So die Uhr, das Buch, eine Truhe, sein Predigen, geometrische Figuren.

Er möchte die Menschen zunächst allgemein zur Erfahrung der Koinzidenz bringen, einer, wie er meint, ganz allgemein menschlichen Erfahrung, die an keine Religion gebunden ist. Erst dann spricht er in *Vom Sehen Gottes* von Jesus und der Dreifaltigkeit, die er ganz gemäß seinen Erkenntnissen über die Koinzidenz deutet. So ist Jesus der Mensch schlechthin, der Erde und Himmel in sich vereint, genauer gesagt, menschliches und göttliches Erkennen.

In der menschlichen oder geistigen Natur sehe ich den menschlichen Verstandesgeist mit dem göttlichen Geist, der der absolute Sinn-Grund ist, aufs innigste geeint und auch die menschliche Einsicht der göttlichen und alles in Deiner Einsicht, Jesus. Du erkennst nämlich alles, Jesus, als Gott, und dieses Erkennen ist Alles-Sein.

Hier misst Cusanus dem Erkennen, dem Bewusstsein größte Bedeutung zu. Er spricht an dieser Stelle nicht von Opfertod und Erlösung. Er gesteht Jesus ein Bewusstsein zu, in dem er alles als Ausdruck Gottes sieht. Dieses Erkennen, das nicht mehr größer werden kann, ist unendlich, und somit ist er das Abbild der Unendlichkeit.

Ich sehe dich, guter Jesus, innerhalb der Mauer des Paradieses, da Deine Einsicht zugleich Wahrheit und Abbild ist und Du zugleich Gott und Geschöpf bist, zugleich unendlich und endlich. Und es ist nicht möglich, Dich diesseits der Mauer zu sehen. Du bist nämlich die Verbindung der göttlichen erschaffenen Natur mit der menschlichen erschaffenen Natur.

Auch die menschliche Natur ist für Cusanus erschaffend.

Die Dreifaltigkeit steht für ihn für die Koinzidenz von Liebendem, Geliebtem und dem Band zwischen den beiden. Alles gehört zum einen, aber es entfaltet sich als drei, aber auch als drei ist es eins.

Du mein Gott, der du die Liebe bist, bist also die liebende Liebe, die liebenswerte Liebe und das Band zwischen der liebenden und der liebenswerten Liebe.

Ich sehe in dir, mein Gott, die liebende Liebe. Und aufgrund dessen, dass ich in dir die liebende Liebe sehe, sehe ich in dir auch die liebenswerte Liebe; und weil ich in dir die liebende Liebe und die liebenswerte Liebe sehe, sehe ich das Band der Liebe zwischen beiden. Und dies ist nichts anderes als das, was ich an deiner absoluten Einheit sehe; in dieser sehe ich die einende Einheit, die einbare Einheit und Einheit von beiden. (De V 17,71)

Wenn wir das gesamte Werk zum Sehen Gottes noch einmal Revue passieren lassen, so wird deutlich, dass hier noch auf weitere Weise von Koinzidenz zu reden ist.

Cusanus spricht die ganze Zeit zu einem Du, andererseits steht der Gott, den er schaut, jenseits von allen personalen Vorstellungen. Das widerspricht der Logik, aber nicht der Koinzidenzlehre. Dort gehört beides für ihn in seiner Widersprüchlichkeit zusammen, ist Koinzidenz: *Herr Gott, du Beistand derer, die Dich suchen. Ich sehe Dich im Garten des Paradieses, und ich weiß nicht, was ich sehe, da ich nichts Sichtbares sehe. Nur das weiß ich, dass ich weiß, dass ich nichts weiß.* (De Vi 13,51)

Bei Johannes vom Kreuz klingt das hundert Jahre später so:

Ich trat ein und wusst´ nicht wo,
und ich blieb auch ohne Wissen,
alles Wissen übersteigend.

Manche Menschen werden spontan in diese Erfahrung geführt, anderen wird sie nach langer Praxis geschenkt. Es ist ein Unterschied, ob man die Worte von Philosophen oder Mystikern nur nachspricht oder ob sie auch Ausdruck der eigenen Erfahrung sind. Trotzdem ist es gut, der Einladung der Vordenker, die das Dunkel schon erkundet haben, zu folgen und den Gedankenraum, den sie bereitet haben, zu betreten.

Cusanus war ein viel beschäftigter Mann, der sich nicht in Spekulationen verlor, sondern der versuchte, seine Erkenntnisse auch politisch fruchtbar zu machen. In dem Jahr, in dem er die Schrift *Vom Sehen Gottes* für die Mönche vom Tegernsee fertigstellte, 1453, entstand noch eine zweite berühmte Schrift: *Über den Glaubensfrieden* (De Pace Fidei). Anlass war die Eroberung Konstantinopels durch die muslimischen Türken. Er sah in den unterschiedlichen Religionsauffassungen eine Wurzel der Auseinandersetzung.

In der Einleitung zu *De pace fidei* schreibt er:

Die Kunde von den Grausamkeiten, die kürzlich in Konstantinopel vom Türkenkönig verübt worden sind und jetzt bekannt wurden, hat einen Mann, der jene Gebiete einstmals sah, so mit Inbrunst zu Gott erfüllt, dass er unter vielen Seufzern den Schöpfer aller Dinge bat, er möge Verfolgung, welche wegen der verschiedenen Religionsausübung mehr denn je wütete, in seiner Güte mildern. Da geschah es, dass dem ergriffenen Mann nach einigen Tagen – wohl aufgrund der täglich fortgesetzten Betrachtung – eine Schau zuteilwurde, aus der er entnahm, dass es möglich sei, durch die Erfahrung weniger Weiser, die mit all den verschiedenen Gewohnheiten, welche in den Religionen über den Erdkreis hin beobachtet werden, wohl vertraut sind, eine einzige und glückliche Einheit zu finden und durch diese auf geeignetem und wahrem Weg einen ewigen Frieden in der Religion zu bilden.

Später heißt es:

Du weißt, o Herr, dass eine große Masse nicht ohne Verschiedenheit sein kann... Daher hast du deinem Volk verschiedene Könige und Seher, welche man Propheten nennt, gegeben. [...] Es gehört zum irdischen Menschenwesen, lange Gewohnheit, die als Teil der Natur betrachtet wird, als Wahrheit zu verteidigen. Und so entstehen nicht geringe Meinungsverschiedenheiten, wenn irgendeine Gemeinschaft ihren Glauben einer anderen vorzieht. [...]

Komm darum zu Hilfe, der du allein mächtig bist. Deinetwegen nämlich, den allein sie in allem, was alle anzubeten scheinen, verehren, tobt dieser Streit. [...]

Du also, der Du Leben und Sein verleihst, bist jener, der offenbar in den verschiedenen Gebräuchen und Übungen gesucht und mit den verschiedensten Namen genannt wirst, da Du, wie Du bist, für alle unerkannt und unaussprechlich bleibst.

In der Form eines Dialoges zwischen den Religionen wird dieser Tatbestand verhandelt. Das „Wort" hat den Vorsitz und meint: Es geht hier nicht um den einen oder anderen Glauben, sondern darum, zunächst einmal einen gemeinsamen Grund zu finden, und bald einigt man sich auf die gemeinsame Liebe zur Weisheit.

Es herrscht *[...] Einigkeit, dass es im Grund nur eine einzige, in sich einfache Weisheit geben könne, die dann wohl entfaltet werde, an der man auf mannigfaltige Weise teilhaben könne; aufgrund dieser Teilhabe gibt es viele Weisen, während die Weisheit selbst ungeteilt in sich selbst bleibt.* (zit. nach Malangré S. 68 ff)

Auch wenn Cusanus davon ausging, dass sich alle unter dem Dach der christlichen Religion einigen sollten, bleiben seine Vorstellungen bemerkenswert, gerade auch für einen Menschen des 15. Jahrhunderts. Cusanus besaß übrigens einen Koran in lateinischer Übersetzung.

Bleiben wir bei unserer Praxis der stillen Achtsamkeit und des liebenden Aufmerkens. Sie stellt ein Erkennen dar und bereitet für eine erweiterte Art des Sehens, sodass wir erfahren, wer wir sind. *Ein spiritueller Weg, der nicht in den Alltag führt, ist ein Irrweg* (W. Jäger). Und so fängt unsere Aufgabe da an, spannend zu werden, wo sich unser liebendes Aufmerken bewähren muss. Mögen uns die Augen aufgehen für das, was kein Auge je gesehen hat, in der Gewissheit, dass wir immer mehr in diesen Blick, in das liebenswerte Sehen des Liebenden hinein verwandelt werden.

Denn nicht wir erkennen, sondern, so sagt Cusanus: *Er erkennt in uns*. Erkennen und Lieben sind eins. Also er, sie, es liebt in uns. Und, so würde Cusanus sagen: lobt in uns. Er sieht die Aufgabe des Menschen im Lob Gottes. Und das besteht in der Entfaltung seiner ihm geschenkten Möglichkeiten.

Alles lobt Gott durch sein Dasein.

Gott erkennt durch uns, sieht durch uns, liebt durch uns und lobt durch uns. Im Zusammenfall der Gegensätze ist auch kein Gegensatz mehr von Ich und Du. Da ist nur Erkennen, Lieben und Loben.

Mögen wir uns gestärkt und getröstet immer wieder dieser Worte des Vordenkers Cusanus erinnern.

III. Die Mystik der Frauen von Helfta

1. Und jede nimmt und gibt zugleich / Und strömt und ruht.

Diese Zeilen beziehen sich auf Brunnenschalen, die der Dichter C.F. Meyer in seinem Gedicht *Der römische Brunnen* bewundert.

Aufsteigt der Strahl und fallend gießt
Er voll der Marmorschale Rund,
Die, sich verschleiernd, überfließt
In einer zweiten Schale Grund;
Die zweite gibt, sie wird zu reich,
Der dritten wallend ihre Flut,
Und jede nimmt und gibt zugleich
Und strömt und ruht.

Der Brunnen ist eines der ältesten Bilder für die unendlich fruchtbare Lebenskraft des lebendigen Gottes. Die Frauen von Helfta geben Zeugnis von ihrer Erfahrung dieser „Quelle des lebendigen Wassers" und benutzten auch das Bild des Brunnens. So schreibt z.B. Mechthild von Magdeburg:

Herr, Du bist mein Geliebter,
meine Sehnsucht,
mein fließender Brunnen. (FL I,4)

Sie spricht auch vom *ewigen Brunnen der Gottheit, aus dem ich und alle Dinge geflossen sind,* und von einem *grundlosen Brunnen* oder vom *ausfließenden Brunnen, den niemand verstopfen kann.*

Über Gertrud von Helfta schreibt eine Mitschwester: *„In ihren Tagen", konnte man sagen, „strömten die Brunnen der Wasser", weil in der Tat niemand in unserer Zeit die Ströme heiliger Unterweisung so reichlich ergoss wie sie.* (GdL S. 20)

Im *Römischen Brunnen* wird der aufsteigende Strahl des Wassers aufgenommen von drei Schalen, die jeweils immer überfließen vom Reichtum des Wassers und es so der nächsten weitergeben. Auf diese Weise erzählt der Brunnen mit seinen drei Schalen von einem Mitteilungsgeschehen, das sich im gleichzeitigen Strömen und Ruhen und Überfließen zeigt und in das die Betrachter durch Anschauung mit hineingenommen werden. Fast unbemerkt haben die Schalen die Eigenschaften des Wassers bekommen, denn auch sie strömen und ruhen.

Und jede nimmt und gibt zugleich
Und strömt und ruht.

In vergleichbarer Weise haben die Frauen von Helfta nicht nur vom fließenden Brunnen gekündet, sondern sind auch selbst ein solcher Brunnen geworden.

Helfta war und ist an sich ein kleiner, unbedeutender Ort, wäre da nicht im 13. Jahrhundert ein Kloster gegründet worden, das durch seine Bewohnerinnen und deren ins Wort gefasste Erfahrungen eine große Strahlkraft bekam.

Die Klostergründung (von den Grafen zu Mansfeld) fiel in eine Zeit großen religiösen Umbruchs und Aufbruchs. Außerordentlich viele Menschen suchten nach einer geistlichen Neuorientierung. Im Jahrhundert zuvor waren schon eine Reihe neuer Orden gegründet worden. Franziskaner, Dominikaner, auch die große Laienbewegung der Beginen war entstanden, die ein Leben im Sinne des Evangeliums in Armut und Dienst am Nächsten anstrebten. Die schon existierenden Orden hatten ebenfalls großen Zulauf, besonders von Frauen und zwar so sehr, dass z.B. die Zisterzienser (1220) einen Gründungsstopp für Frauenklöster verordneten. So kam es, dass die Schwestern in Helfta zwar nach der Zisterzienserregel lebten, offiziell aber nicht den Zisterziensern zugehörten. Das bedeutete eine Art Schwebezustand, der dem Kloster und seiner Äbtissin einen gewissen Freiraum bei ihren Entscheidungen eröffnete.

Und diesen Spielraum nutzte die tat- und entscheidungsfreudige Äbtissin Gertrud von Hackeborn (1250-91), die dem Kloster (und seinen 50-100 Nonnen) 40 Jahre lang vorstand und seine Ausrichtung deutlich prägte. Sie wollte, dass die Schwestern „feurig im Geist“ (G.v.H) wären. Gleichzeitig legte sie größten Wert auf eine gute Bildung. Sie war überzeugt: „Wenn der Eifer für die Wissenschaft verloren geht, wird auch der Glaube verschwinden, weil sie (die Nonnen) die Heilige Schrift dann nicht mehr verstehen.“(vgl. Keul S. 204) So studierte man in Helfta nicht nur die freien Künste (Grammatik, Rhetorik, Dialektik, Musik, Arithmetik, Geometrie, Astronomie), sondern auch die Heilige Schrift und die wichtigste theologische Fachliteratur, also die Väterkommentare, Augustinus, Hieronymus, Gregor, Beda, Bernard von Clairvaux und die Victorianer.

Gleichzeitig wurde Seelsorge großgeschrieben, und Fragen nach der persönlichen Gottesbeziehung, dem persönlichen Gebet und den persönlichen Glaubensnöten kamen zur Sprache. Theologie, Seelsorge und Mystik gehörten zusammen. Denn, so formuliert Mechthild, angesehener Gast des Klosters:

Minne ohne Erkenntnis
Dünkt die weise Seele Finsternis. (FL, I, 21)

Studium des Alten, Suche nach Neuem, feuriger Geist und Erkennen der Nöte der Zeit und des einzelnen Menschen, das war der Nährboden, der drei der größten namentlich bekannten Mystikerinnen in Helfta zusammen gedeihen ließ.

Mechthild von Magdeburg, Mechthild von Hackeborn, die jüngere Schwester der Gertrud von Hackeborn, und Gertrud von Helfta, deren Familienname nicht bekannt ist. Dass die Namen doppelt vorkommen, hat in der Vergangenheit zu Verwechslungen geführt. Gertrud von Hackeborn war die Äbtissin. Ihre deutlich jüngere Schwester Mechthild wurde Leiterin der Klosterschule und war die Kantorin (Nachtigall). Eine ihrer Schülerinnen wurde Gertrud von Helfta. Die Frauen gehörten also mindestens drei verschiedenen Generationen an.

Mechthild von Magdeburg war die älteste. Sie war ca. 60 Jahre alt, als sie nach Helfta kam und dort noch ungefähr zwölf Jahre lebte, ohne Nonne zu werden. Von ihrer äußeren Biographie weiß man nicht viel. Sie wurde wahrscheinlich als Tochter sehr wohlhabender und hochadeliger Eltern geboren und verbrachte Kindheit und Jugend auf einer Burg im Bistum Magdeburg, bis sie sich mit 20 Jahren entschloss, Burg und Familie zu verlassen, um in Magdeburg als Begine zu leben. Als sie ungefähr Mitte 40 war, begann sie, ermutigt durch ihren Beichtvater, ein Buch zu schreiben: *Das Fließende Licht der Gottheit.* Die dritte Station ihres Lebens war dann Helfta, wohin sie wahrscheinlich auch wegen der Kritik an ihrem Buch zog. (vgl. Keul)

Dieses Buch, das *Fließende Licht der Gottheit,* ist in der Volkssprache, in Mittelniederdeutsch, verfasst. Es besteht eigentlich aus sieben Büchern. Sechs davon entstanden in Magdeburg, das letzte in Helfta. Drei Themen lassen sich ausmachen: Es ist einerseits eine spirituelle Biographie, die die Geschichte einer Seele in ihrer geistigen Entwicklung und Beziehung zu Gott zum Thema hat, dann geht es auch um die Heilsgeschichte des Menschen und schließlich um die Kirche in ihrem idealen und aktuellen Zustand.

Die drei Themenkreise tauchen ganz vermischt auf, und es gibt auch keine chronologische Reihenfolge.

Die eine Seele steht in ihrer individuellen Geschichte exemplarisch für jede Gott liebende Seele, weil Gottes Handeln an ihr Teil seiner liebenden Zuwendung zur Menschheit ist. Die Heilsgeschichte bildet daher den zweiten Themenkomplex. Ihre wichtigsten Stationen werden in Form von Visionen dargestellt, an denen die Seele aber nachfragend und mithandelnd teilnimmt. Dadurch wirkt es sehr lebendig und so, als ob die Zeit aufgehoben wäre, denn Vergangenes, Gegenwärtiges und Zukünftiges scheinen gleichzeitig zu existieren. Jede zeitliche Aufeinanderfolge ist aufgehoben. Alles ist gleichzeitig da in der einen Gegenwart.

Wo war Gott, bevor er irgendetwas schuf? Er war in sich selbst, und ihm waren alle Dinge gegenwärtig und offenbar, so wie sie heute sind. (FLVI, 31)

Jedes einzelne Buch besteht aus den unterschiedlichsten kurzen und längeren Texten. Es gibt Gebete, Liebesdialoge, aber auch Visionen, Merkverse, Abhandlungen, Allegorien, Lehr- und Streitgespräche. Teilweise gehen die einzelnen Formen ineinander über in einer großen lebendigen Vielfalt. Die Sprache ist inspiriert vom Hohen Lied und vom Minnesang.

So spricht Gott:

Ich komm zu meinem Lieb,
wie der Tau auf die Blume.

oder

Du schmeckst wie eine Weintraube,
du duftest wie ein Balsam,
du leuchtest wie die Sonne,

du bist ein Wachstum meiner höchsten Minne.

und:

Du bist mein überaus sanftes Lagerkissen,
mein innigstes Minnebett,
meine himmlische Ruhe,
meine tiefste Sehnsucht,
meine höchste Herrlichkeit.

Du bist eine Lust meiner Gottheit,
ein Durst meiner Menschheit,
ein Bach meiner Hitze. (FL I)

Sei willkommen liebe Taube,
du bist so kühn über die Erde geflogen,
dass dir Flügel wuchsen im Himmel droben. (FL I)

Das Buch versteht sich als das *Fließende Licht der Gottheit.* Aus ihm spricht und durch es wirkt nach Auffassung der Autorin die fließende, erleuchtende Kraft Gottes. Gleich zu Beginn werden Gott folgende Worte in den Mund gelegt:

Es [das Buch] soll heißen
Ein fließendes Licht meiner Gottheit
In alle Herzen, die da leben ohne Falschheit

Und: *Dieses Buch sende ich nun als Boten allen geistlichen Leuten, [...] es kündet von mir und offenbart in rühmender Weise mein Geheimnis.* (FL I)

Das Buch ist also verstanden als ein Bote mit höchstem Wahrheitsanspruch. Es ist Wort Gottes. Das Buch wird als Überbringer, als Gesandter gesehen (Gertrud wird später eines ihrer Bücher „Gesandter der göttlichen Liebe" nennen). Mechthild sieht das Buch in einer Linie mit den Boten, die Gott immer dann schickt, wenn der lebendige Geist in der Kirche schwindet und der Eifer der geistlichen Leute erlahmt. Solche Boten waren nach ihrer Überzeugung in jüngster Vergangenheit Dominikus, Franziskus, Elisabeth v. Thüringen usw. Sie alle haben positiv gewirkt, und dennoch macht der desolate Zustand der Kirche einen weiteren Boten nötig: *Das Fließende Licht.* (vgl. Reclam)

Mit großer poetischer Kraft schildert sie das ihr selbst unbegreifliche Wirken Gottes in der Seele:

O Herr, ich sehe dich und muss dich preisen
Ob deiner wundervollen Weisheit.
Wo bin ich hingekommen?
Bin ich dir verloren?
Ich kann nicht mehr an die Erde denken
Noch an irgend mein Herzeleid.
Ich dachte, wenn ich dich erschaute,
dir von der Erde viel zu klagen.

Nun hat mich, Herr, dein Anblick ganz erschlagen,
du hast mich ganz über meinen Adel emporgetragen. (FL III, 1)

Wie auch Hildegard von Bingen findet sie sehr deutliche Worte der Kritik am aktuellen Zustand der Kirche. Den möchte sie benennen und verändern:

Weiß jemand auf dem Höllenweg nicht Bescheid,
der besehe sich die verdorbene Geistlichkeit. (FL VI, 21)

Man kann sich gut vorstellen, dass sie als Schreiberin aus vielerlei Gründen angefeindet wurde, und auch davon schreibt sie. Wir erfahren von ihren Sorgen und Zweifeln und davon, wie sie damit umgeht:

Ich wurde vor diesem Buche gewarnt
und von Menschen also belehrt:
Wolle man davon nicht absehen,
dann wird es in Flammen aufgehen! (FL II, 26)

Marguerite Porete ist es so ergangen. Zuerst wurde das Buch und dann sie selbst verbrannt im Jahre 1310.

Sie betet in ihrer Not, und Gott antwortet, das Buch in seiner rechten Hand haltend:

Meine Liebe, betrübe dich nicht zu sehr,
die Wahrheit kann niemand verbrennen.
Wer mir das Buch aus der Hand nehmen will,
muss stärker sein als ich [...]
Die Worte bedeuten meine wunderbare Gottheit.
Sie fließen von Stunde zu Stunde
in deine Seele aus meinem göttlichen Munde.
Der Klang der Worte erklärt meinen lebendigen Gott
und erschließt mit ihm die richtige Wahrheit.
Nun sieh aus allen diesen Worten,
wie rühmlich sie mein Geheimnis verkünden:
Du sollst keinen Zweifel finden.

Durch ihren Mund spricht Gott, und Gott ist ihr Mund. Im 13. Jahrhundert hatten Unmündige, also die, die nicht für sich selbst sprechen, rechtlich einstehen konnten, einen Vor-Mund. Der besaß Autorität und Entscheidungsbefugnis. Mechthild erkennt Gott als ihren Vormund. (vgl. Keul) Das bedeutet, sie spricht und schreibt als innerlich freier Mensch, frei von familiären und gesellschaftlichen Autoritäten in die Nöte der Zeit.

Zur Darstellung und Verkündigung nutzt sie die Dialogform. In einem Fall sind die Gesprächspartner die Liebe und eine Person, die in einem geistlichen Orden lebt, nach Meinung der Liebe aber kein geistliches Leben führt. Sie wird törichte Seele, töricht in Anlehnung an die törichten Jungfrauen, genannt, die zwar zunächst auf den Bräutigam warten, im entscheidenden Moment aber abwesend sind.

Die **Liebe** will die **Seele** aufrütteln und fragt deshalb:

Minne: *Eia, törichte Seele, wo bist du? Wie ist deine Wohnung, und wofür lebst du? Wie kannst du ruhen, da du deinen lustvollen Gott nicht liebst über deinen Willen und über all deine Kräfte hinaus?*

Seele: *Lass mich ungestört – ich weiß nicht, wovon du sprichst.*

Minne: *Man muss die Königin wohl wecken, wenn ihr König kommen will.*

Seele: *Ich bin in einem heiligen Orden, ich faste und wache, ich bin ohne Hauptsünden. Ich bin genug gebunden.*

Minne: *Was nützt es, wenn man ein leeres Fass gut verbindet und der Wein doch ausrinnt? Man muss es füllen mit Steinen der äußeren Mühe und mit Asche der Vergänglichkeit.*

Seele: *Ich bin geborgen im Wohlgefallen meiner Verwandten und meiner lieben geistlichen Freunde.*

Der Liebe gelingt es aber doch, die Seele weiter in das Gespräch zu verwickeln und sie in Zweifel darüber zu bringen, ob sie tatsächlich ein geistliches Leben führt. Und die Seele fragt:

Seele: *Wie könnte ich den lustvoll minnen, den ich nicht erkenne?*

und dann weiter:

Ich lebe nach meinem eigenen Willen, um ihn mit Freuden zu vollbringen.

Minne: *Willst du Gott wahre Treue leisten, folg seiner Liebe in seinem Geiste.*

Seele: *Ich ruhe in der Kraft meines Leibes. Wie soll ich mich gleichzeitig von Schaden hüten und zugleich deine Last aufladen?*

Hier merkt man deutlich die Sorge. Aber die Liebe beruhigt:

Minne: *Ei du Ungetreue, der die Seele so edel erschaffen hat, dass sie nichts als Gott zu essen vermag, der lässt auch den Leib nicht verderben.*

Seele: *Du scheltest mich sehr! Wüßt ich, wer er wär, ich könnte mich doch bekehren.*

Minne: ***Willst du mit ihm wohnen in edler Freiheit, räum erst die Wohnung der schlechten Gewohnheit!** [...]*

Seele: *Ich wähnte, wenn ich für Gott ins Kloster gehe, dass ich dann schon hoch stehe.*

Minne: *Was nützt es einen Schlafenden herrlich zu kleiden und ihm edle Speisen vorzusetzen. Während er schläft, kann er doch nicht essen.*
Eia, Liebe, nun lass dich wecken.

Seele: *Eia, dann sag mir wo seine Wohnung ist?*

Minne: *Es gibt sonst keinen Herren mehr,*
der zugleich in all seinen Schlössern wohnt denn alleine er.
Er wohnt im Frieden der heiligen Innigkeit und raunt mit der Geliebten in der Seele tiefer Einsamkeit,
er umarmt sie auch im edlen Wohlgefallen seiner Liebe,
er grüßt sie mit seinen adeligen Augen,
wenn sich die Liebenden wahrhaft schauen.
Er durchküsst sie mit seinem göttlichen Munde. [...]
Träge Seele schau dich um und um!
Tu auf deine blinden Augen!

Jetzt ist die Seele aufgewacht:

Seele: *In Erkenntnis der großen Liebe Gottes,*
wo bin ich gewesen, ich unselige Blinde,
dass ich so lange lebte ohne große Minne,
mit der ich wahrlich meine Not überwinde
zum Trotz meiner Feinde?
Wohl ist mir Armen viel Gutes entgangen,
doch ich lasse nun alles, um zu Gott zu gelangen.
Eia, Minne, willst du mich noch empfangen?

Minne: *Ja, Gott hat sich noch niemandem versagt.*
Es wird gemessen mit gleichen Maßen:
Willst du Lieb haben, musst du lieb lassen. (FL, II)

Es reicht nicht der Wechsel des Lebensstandes, sondern ein innerer Prozess soll in Gang kommen. Die Seele glaubt zu Beginn, sie ist schon angekommen, aber die wahre Umkehr, die Umkehr nach innen, die Erkenntnis der

Liebe, muss noch folgen. Im Dialog vollzieht sich eine Veränderung in der Seele, in die die Leser einbezogen werden. Wie in einem Spiegel kann man die eigene Situation sehen, ist aber nicht in der Schusslinie. So fällt Veränderung leichter.

Zwei Arten von Freiheit stellt Mechthild einander gegenüber: Die Freiheit des Eigenwillens: Ich bin frei, wenn ich tun kann, was ich will. Und die Freiheit des Geistes aus der Liebe heraus – vgl. Augustinus: Liebe und tue, was du willst. Mechthild ist das beste Beispiel dafür, dass aus der Anbindung an die Liebe erst die wahre geistige Freiheit hervortreten kann.

*Denn die **freie Minne** muss stets das Höchste am Menschen sein.*

Willst du mit ihm wohnen in edler Freiheit, räum erst die Wohnung der schlechten Gewohnheit

Also:

Wie ist deine Wohnung und wofür lebst du?

Gehen wir in unsere Übung in heiterer Gelassenheit. Lernen wir unsere Wohnung kennen.

2. Im Anfang war der Gruß

Diese Worte könnte man über die spirituelle Biographie von Mechthild setzen. Grüßen ist etwas ganz Alltägliches und in allen Kulturen eine Geste der Zuwendung. Das Gegenüber wird mit dem eigenen Namen wahrgenommen, angesprochen und wertgeschätzt. Im Mittelalter heißt jemanden grüßen „die Ehre des Gegenübers anerkennen." Der/die Grüßende sieht die Person gegenüber an und verleiht ihr damit „Ansehen".

Was das bedeuten kann, zeigt eine kleine Geschichte:

Eines Abends ging die ganze Familie zum Essen aus. Die Speisekarten wurden herumgereicht, auch zur achtjährigen Molly. Die Erwachsenen unterhielten sich, Molly saß unbeachtet dabei. Der Kellner, der die Bestellungen aufnahm, wandte sich zuletzt an Molly: „Und was möchtest du?"

„Ein Würstchen und 'ne Cola", sagte sie. „Nein", meinte ihre Großmutter, „sie bekommt Hühnchen mit Möhren und Kartoffelpüree."

„Und zum Trinken Milch", fiel ihr Vater ein.

„Möchtest du dein Würstchen mit Ketchup oder Senf?", fragte der Kellner im Weggehen. Die Eltern stutzten.

„Mit Ketchup!", rief sie. Dann wandte sie sich an ihre Familie und meinte: "Wisst ihr was? Er hält mich für wirklich!" (Kornfield, Geschichten S. 86)

Beim Empfang eines Gastes auf der Burg gab es ein Begrüßungsritual, bei dem der Gast zunächst mit Namen angesprochen wurde. Dann folgte die Gastfreundschaftsformel: „Was mein ist, ist auch dein." (Keul S. 118) Das sind übrigens auch die Worte, die der Vater im Gleichnis vom verlorenen Sohn spricht. *Was mein ist, ist auch dein.* Im Minnesang sehnen sich die Dichter danach, von der geliebten Frau gegrüßt und damit erhört zu werden. In der Bibel wird im Leben Marias die entscheidende Berufungsszene als ein Gruß beschrieben.

Alles das klingt mit, wenn Mechthild rückblickend ihre erste Erfahrung der Gegenwärtigkeit Gottes in Anlehnung an die Verkündigungsszene als einen Gruß beschreibt:

Ich unwürdige Sünderin wurde in meinem zwölften Jahre, als ich allein war, in überaus seligem Fließen vom heiligen Geiste gegrüßt, dass ich es nie mehr über mich brächte, mich zu einer großen, lässlichen Sünde hinreißen zu lassen.

Der vielliebe Gruß kam alle Tage

und machte mir herzlich leid aller Welt Süßigkeit,
und er vermehrt sich noch alle Tage.
Dies geschah während einunddreißig Jahren.

Von Gott wusste ich nicht mehr als allein durch den christlichen Glauben, und aus ihm strebte ich mit Fleiß immer darnach, dass mein Herz rein sei. Gott selber ist mein Zeuge, dass ich ihn nie, weder in bewusster Weise noch in Sehnsucht darum bat, dass er mir diese Dinge geben solle, die in diesem Buche beschrieben sind. Ich dachte auch nie, dass so etwas einem Menschen widerfahren könnte. Während ich bei meinen Verwandten und anderen Freunden war, denen ich stets die Liebste war, hatte ich von diesen Dingen keine Kenntnis. Aber ich hatte schon lange vorher gewünscht, ohne meine Schuld verachtet zu werden. Da zog ich um der Liebe Gottes willen in eine Stadt, in der außer einem Menschen niemand mein Freund war. Vor diesem hatte ich Angst, dass mir durch ihn die heilige Schmach und die lautere Gottesliebe entzogen würde. Da ließ mich Gott nirgends allein. Er brachte mich in so wonnigliche Süßigkeit, in so heilige Erkenntnis und in so unbegreifliche Wunder, dass ich irdische Dinge wenig brauchen konnte. (FL IV,2)

Die Erfahrung, die sie als Gruß beschreibt, setzte sie frei und brachte sie in Bewegung. Es gehörte schon etwas dazu, das geborgene Leben der Burg zu verlassen und allein sich dem Dienst an den Armen der Stadt zu verschreiben. In dem Gruß liegt Wahrnehmung der Würde und Stärkung.

Wir hörten zu Beginn, dass der mittelalterliche Willkommensgruß bedeutet: „Was mein ist, ist auch dein." Das Teilen und die Verbundenheit gelten auch für die spirituelle Ebene. Auch die Freude an der Schönheit ist gegenseitig.

Die Seele preist Gott:

Du bist die Sonne aller Augen,
die Wonne aller Ohren,
die Stimme aller Worte,
du bist die Kraft alles Frommen,
du bist die Lehre aller Weisheit,
du bist das Leben alles Lebenden,
du bist die Ordnung alles Seienden.

Im Gegenzug spricht Gott zur Seele:

Du bist ein Licht vor meinen Augen,
du bist eine Harfe meinen Ohren,
du bist ein Klang meiner Worte,

du bist ein Gedanke meiner Heiligkeit,
du bist ein Ruhm meiner Weisheit,
du bist ein Leben in meiner Lebendigkeit,
du bist eine Verherrlichung in meinem Sein. (FL III,2)

Der erste „Gruß“ stellte für Mechthild den Anfang einer Entwicklung dar, in der sie vom naiven Kind zur erwachsenen Braut wurde. Auch der christliche Glaube, in dem sie erzogen wurde, veränderte sich. In einem Dialog heißt es:

Ich fragte unseren Herrn, wie ich mich in der letzten Stunde meines Lebens verhalten solle.

Du sollst dich in der letzten Stunde so verhalten, wie du es in deiner ersten tatest.
Du sollst Liebe und Sehnsucht, Reue und Furcht haben...
Wo bleiben der christliche Glaube und die wahre Hoffnung?

Dein Glaube ist ein Wissen geworden, und deine Hoffnung hat sich in eine wahre Sicherheit verwandelt.

Diese Erklärung erkannte ich in seinen Worten und weiß sie auch in meinem Herzen. (FL VI,6)

Rückblickend stellt sie ihren gesamten geistlichen Weg in einem Dialog vor, der an das Märchen von Hans im Glück erinnert. Der war losgezogen mit einem Klumpen Gold, den er eintauscht gegen etwas, das in unseren Augen viel wertloser ist. Er tauscht weiter und weiter, bis er am Ende, zu Hause angekommen, nichts mehr besitzt – und doch alles gewonnen hat: Freiheit und Glück.

So spricht der Mensch/die königliche Seele mit der Liebe:

„Frau Minne, nun seid ihr zu mir gekommen
Und habt mir alles genommen, was ich auf Erden je gewann.“
„Frau Königin, Ihr habt einen glücklichen Tausch getan.“
„Frau Minne, Ihr nahmt mir meine Kindheit.“
„Frau Königin, dafür gab ich Euch himmlische Freiheit.“
„Frau Minne, ihr nahmt mir meine ganze Jugend.“
„Frau Königin, dafür gab ich euch viel heilige Tugend.“
„Frau Minne, ihr nahmt mir Besitz, Freunde und Vertraute.“
„Eia, Frau Königin, das sind erbärmliche Klagelaute.“
„Frau Minne, ihr nahmt mir weltliche Ehren,
weltliche Reichtümer und die ganze Welt.“

„Frau Königin, dafür leist ich euch in einer Stunde Entgelt
Auf Erden mit dem Heiligen Geiste, wie es euch gefällt."
„Frau Minne, ihr habt mich so sehr übermannt,
dass mein Leib sich wand in sonderbarem Erkranken."
„Frau Königin, dafür gab ich euch hohe Erkenntnis und reiche Gedanken."
„Frau Minne, ihr habt verzehrt mein Fleisch und Blut."
„Frau Königin, dafür seid ihr geläutert und erhoben in Gott."
„Frau Minne, ihr seid eine Räuberin, Ihr müsst mir noch mehr vergelten."
„Frau Königin, so nehmt doch mich selber hin!"
„Frau Minne, nun habt ihr mir vergolten hundertfältig auf der Erde."
„Frau Königin, noch dürft ihr fordern, dass Euch Gott und sein ganzes Reich werde." (FL I,1)

An anderer Stelle spricht Mechthild von einem siebenfachen Pfad der Seele zur Einung als einem Liebesspiel zwischen Braut und Bräutigam, bei dem zunächst alle Sinne wichtig sind und angesprochen werden. Voller Freude sagt die Seele:

Ich tanze, Herr, wenn du mich führest.
Soll ich sehr springen,
musst du anfangen zu singen.
Dann springe ich in die Minne,
von der Minne in die Erkenntnis,
von der Erkenntnis in den Genuss,
vom Genuss über alle menschliche Sinne.
Dort will ich verharren und doch höher kreisen. (FL I,44)

Je näher die Vereinigung der Liebenden rückt, je mehr müssen die Sinne, die als Diener der Braut gesehen werden, zurückstehen.

Nun bin ich eine Weile des Tanzens müde. Verlasst mich, ich muss mich dorthin zurückziehen, wo ich mich erkühlen kann.

Die Sinne (Wille und Verstand) machen dann allerlei Vorschläge, was sie tun könnte, um sich zu erkühlen. Das heißt, vom Ekstatischen wieder auf den Boden der religiösen Praxis zu kommen oder vielleicht auch eine sich einstellende Trockenheit zu überwinden, und so schlagen sie im weitesten Sinne Beschäftigung mit religiösen Gedanken, Personen, Literatur vor. Interessant ist die Antwort der Seele in diesem Stadium ihres Bewusstseins. Sie hat Verlangen nach dem, was über die Tradition und die frommen Gedanken hinausgeht. So sagt sie:

Schweiget ihr Herren! Ihr wisst alle nicht, was ich mein!
Lasst mich ungehindert sein,
eine Weile will ich trinken von dem unvermischten Wein.

Die Sinne wollen sie aber nicht in die Bildlosigkeit des unvermischten Weins entlassen. Sie kommen immer wieder mit Anweisungen zu damals üblichen Frömmigkeitsübungen. Und als die Sinne nicht lockerlassen, ihr die Beschäftigung mit Märtyrern, Bekennern und der Weisheit der Apostel vorschlagen, sagt sie:

Ich hab die Weisheit hier bei mir,
das beste wähl ich stets mit ihr.

Auf diesen ungeheuerlichen Satz hin schlagen die Sinne eine Konzentration auf die Engel und Johannes den Täufer vor.

Als die Seele dann zum Schluss auf Maria mit dem Kind verwiesen wird, finden wir den wichtigen Satz.

Das ist Kindesliebe,
dass man Kinder stille und wiege.
Ich bin eine vollerwachsene Braut,
ich will gehen zu meinem Traut.

Traut oder Trut, das bedeutet nicht nur Bräutigam, sondern es bedeutet auch der Wahre. Sie will die direkte Erfahrung des Wahren.

Jetzt warnen die Sinne sie davor, dass sie in ihrem Übermut im „heißen Brand der Gottheit" verbrennen könnte, aber sie antwortet, dass sie gerade dort in ihrem ursprünglichen Element ist und dass ihr daher nichts geschehen kann.

Der Fisch kann im Wasser nicht ertrinken,
der Vogel in den Lüften nicht versinken,
das Gold ist im Feuer nie vergangen,
denn es wird dort Klarheit und leuchtenden Glanz empfangen. [...]
Wie könnte ich denn meiner Natur widerstehn?
Ich muss von den Dingen weg zu Gott hingehen,
der mein Vater ist von Natur,
mein Bruder nach seiner Menschheit,
mein Bräutigam von Minnen
und ich seine Braut ohne Beginnen.

Glaubt ihr, dass ich ihn nicht fühle?
Gott kann beides: Kräftig brennen und tröstlich kühlen.

Sie schickt die Sinne, also Wille und Verstand, aber nicht für immer weg, sondern sie weiß, dass sie sie im Alltag wieder brauchen wird:

Aber betrübt euch nicht zu sehr!
Ihr könnt mich noch lehren: wenn ich wiederkehr,
dann bedarf ich eurer Weisung wohl,
denn die Welt ist vieler Schlingen voll.

Jetzt ist der Moment der Vereinigung gekommen, aber die Seele muss noch eine letzte Bedingung erfüllen:

Nun geht die Allerliebste zu dem Allerschönsten in die verborgenen Kammern der unsichtbaren Gottheit. Dort findet sie der Minne Bett und Gelass und Gott übermenschlich bereit.

Da spricht unser Herr: „Haltet an Frau Seele!"
„Was gebietest Du Herr?"
„Ihr sollt nackt sein!"
„Herr, wie soll mir dann geschehen?"
„Frau Seele, Ihr seid so in mich hineingestaltet,
dass zwischen Euch und mir nichts sein kann. [...]
Darum sollt ihr von euch legen
beides, Furcht und Scham"

Hier soll nichts mehr zwischen der Seele und dem Bräutigam sein, auch kein Gefühl von Unwürdigkeit. Die Seele lässt alles, lässt alle Hüllen fallen.

„und alle äußeren Tugenden.
Nur die von Natur in Euch leben,
sollt Ihr immerdar pflegen.
Dies ist euer edles Verlangen und eure grundlose Begehrung;
Die will ich ewig erfüllen mit meiner endlosen Verschwendung."

*„Herr, nun bin ich eine **nackte Seele**,*
und Du in mir selber ein reich geschmückter Gott.
Unser zweier Gemeinschaft ist ewiges Leben ohne Tod."

Da geschieht eine selige Stille,
und es wird ihrer beider Wille.

Die Sinne werden nicht verachtet, aber es gibt Zeiten, da müssen sie zurückstehen. Das, was dann geschieht, davon kann man nicht sprechen, es bleibt geheim. Und doch öffnet die Sprache, die um das Geheime kreist, Räume, die die Existenz dieser geheimen Kammer erst sichtbar machen.

Diese Erfahrung der Vereinigung, bei der die Sinne zurückbleiben, ist für den Menschen vorübergehend. Seine Aufgabe, das sagt Mechthild ganz klar, liegt in tätiger Nächstenliebe:

Was nützen erhabene Worte ohne barmherzige Werke? (FL S. XXXVIII)

Du sollst minnen das Nicht,
Du sollst fliehen das Icht.
Du sollst alleine stehen
Und sollst zu niemandem gehen.
Du sollst nicht sehr geschäftig sein
Und dich von allen Dingen befrein.
Du sollst die Gefangenen entbinden
Und die Freien überwinden.
Du sollst die Kranken laben
Und doch selber nichts haben.
Du sollst das Wasser der Pein trinken
Und die Liebesglut mit dem Holze der Tugenden entzünden:
Dann wohnst du in der wahren Wüste. (FL I,37)

Als Mechthild nach Helfta kam, war sie sicherlich eine sehr bekannte Persönlichkeit. Über 20 Jahre schon hatte sie Texte verfasst und bekam Anerkennung, aber auch Anfeindungen zu spüren. Anfänglich war sie skeptisch: *„Sie werden mich fragen, in welcher Art und Weise ich dich gesehen habe." Da sprach er: „Es sind einige unter ihnen, die mich kennen."* (FL VII)

In Helfta stieß sie also auf Verständnis und Hilfe, wusste aber zunächst nicht, ob sie weiterschreiben sollte:

Ich flehte zu Gott, er möge mir Einsicht geben, ob es jetzt sein Wille sei, dass ich mit Schreiben aufhöre. Warum? Weil ich mir jetzt ebenso erbärmlich und unwürdig vorkomme, wie ich es vor dreißig Jahren und mehr Jahren war, als ich anfangen musste zu schreiben.
Da zeigte mir der Herr ein Säcklein und sprach: „Ich habe noch Heilkräuter."
Da sprach ich: „Herr ich erkenne die Heilkräuter nicht."

Da sprach er: „Du wirst sie schon erkennen, wenn Du sie siehst. Man soll mit ihnen die Kranken laben, die Gesunden stärken, die Toten erwecken und die Guten heiligen." (FL VII,36)

Und so schreibt sie weiter, jetzt unterstützt durch die Schwestern, z.B. von einem Kloster der Minne, einem allegorischen Gebäude, in dem die Äbtissin die Liebe ist:

Will jemand in dieses Kloster gehen,
die göttliche Freude soll ihn begleiten,
hier, jetzt und in ewige Zeiten.
Wohl denen, die darinnen verharren. (FL VII,36)

Die Angewiesenheit auf Hilfe in Alter und Krankheit führt sie immer noch weiter auf dem spirituellen Weg im Alltag: Sie sieht sich selbst als Bettlerin, in ihrer Angewiesenheit allem und für alles zu Dank verpflichtet.

So spricht eine Bettlerin in ihrem Gebete zu Gott:

Herr ich danke dir, da du mir mit deiner Liebe allen irdischen Reichtum genommen hast, dass du mich jetzt mit fremdem Gute kleidest und speisest; denn alles, was mir an Anhänglichkeit und Lust im Herzen haftet, das muss mir nun fremd werden.

Herr ich danke dir, da du mir die Macht meiner Augen genommen hast, dass du mir nun dienst mit fremden Augen.

Herr, ich danke dir, da du mir die Macht meiner Hände genommen hast, dass du mir nun dienst mit fremden Händen.

Herr, ich bitte dich für sie, du wollest ihnen auf Erden mit deiner göttlichen Liebe lohnen, dass sie zu dir flehen und dir mit allen Tugenden bis an ein heiliges Ende dienen mögen.

Alle, die mit lauterem Herzen alle Dinge Gott zuliebe lassen, sind Erzbettler. [...] Herr, alles, um was ich bitte, das mögest du mir und allen unvollkommenen geistlichen Leuten gewähren zu deiner eigenen Ehre.

Herr, dein Lobpreis möge in meinem Herzen nie schweigen, in all meinem Tun, Lassen und Leiden! Amen. (FL VII,64)

Wer so aus seinem innersten Herzen sprechen kann, der ist wirklich heil. Ist heilig.

3. Komm, der du heiter werden lässt meinen Lebensgeist.

Das ist die Tonart, in der Gertrud von Helfta schrieb. *Komm, der du heiter werden lässt meinen Lebensgeist.* (EX IV) Hier ist die Heiterkeit gemeint, die das Leben leicht erscheinen lässt, auch in schwierigen Situationen. Jene Freude im Sein, die sich einstellt, und man weiß nicht wie. Ein Stelldichein.

Anders als Mechthild von Magdeburg hat Gertrud fast ihr ganzes Leben im Kloster verbracht. Mit fünf Jahren kam sie nach Helfta und erhielt in der dortigen Klosterschule eine hervorragende Ausbildung. Sie war wahrscheinlich vierzehn, als Mechthild von Magdeburg ins Kloster kam. Deren Ankunft muss eine wahre Sensation gewesen sein. Denn sie war ja eine berühmte Schriftstellerin, von vielen als Prophetin geachtet. Gertrud soll sich als erste Person neben sie gesetzt haben. Für Mechthild ein Zeichen, dass sie in dieser jungen Person ein besonderes Verständnis finden würde – sehr zu ihrer eigenen Überraschung, denn sie hatte eher mit der älteren Mechthild von Hackeborn, der jüngeren Schwester der Äbtissin und Kantorin des Klosters, der „Nachtigall" gerechnet. Es kann sein, dass Gertrud mitbeteiligt wurde an der Niederschrift des siebten und letzten Teils ihres Buches *Vom fließenden Licht der Gottheit.* Auf jeden Fall kann man davon ausgehen, dass sie die Schriften der viel älteren Frau sehr gut kannte.

Gertrud bezeichnet sich selbst in dieser Zeit rückblickend als lau. Sie hatte sich mit Religion eher intellektuell befasst, bis sie, und das wurde von ihr ganz genau festgehalten, an einem 6. Januar im Alter von 26 Jahren eine tiefe Erfahrung machte, die ihr Leben grundlegend änderte und Spiritualität zur Herzenssache machte. Diese Erfahrung am Fest der Erscheinung des Herrn führte dazu, dass sie sich eingehender mit Theologie befasste, im Kloster als Seelsorgerin wirkte und auch priesterliche Funktionen ausübte (Sie erteilte z.B. die Absolution). Von ihren Mitschwestern wurde sie ganz eindeutig in die Reihe der Apostel, ja sogar neben Christus gestellt. „Sagt ja der Herr selbst im Evangelium: „Wer an mich glaubt, der wird die Werke, die ich tue, auch selber tun und wird noch größere als diese vollbringen." (GdL I, 2)

Zwei literarische Werke zeugen von diesem Wandel. Der *Gesandte der göttlichen Liebe* und die *Geistlichen Übungen.* Sie schrieb anscheinend viel und gern und hat nicht nur Mechthild von Magdeburg beim Schreiben untestützt, sondern auch mitgewirkt an der Niederschrift des *Buch[s] der besonderen Gnade* ihrer Mitschwester und Lehrerin Mechthild von Hackeborn, der dritten großen

Mystikerin von Helfta, als die krank daniederlag. Gertrud hat auch kurze Zusammenfassungen von theologischen Texten geschrieben und Teile der Bibel ins Deutsche übersetzt. Normalerweise schrieben sie und ihre Mitschwestern auf Latein, der damals gängigen Sprache des geistlichen Lebens, verwendeten aber gleichzeitig, genau wie der berühmte Gast aus Magdeburg, in Stil und Bildlichkeit die modernste Sprache der Zeit, die des Minnesangs.

Ein Liebeslied der Zeit heißt:

Kum ach kum, Geselle min, ich entbitte harte din
Süßer rosenfarbner Mund, komm und mache mich gesund. (von 1280)

In der höfischen Literatur machten die ersten echten Liebesgeschichten, z.B. die von Tristan und Isolde, die Runde, und die Liebe, die Minne, wurde als eine eigene Macht angesehen.

So war auch für das Sprechen von Gott und für die Erfahrung einer persönlichen Gottesbeziehung eine neue Facette des Erlebens und Beschreibens möglich geworden.

Es ist eine Sprache, die in ihrer Sinnlichkeit und Erotik an orientalische Redeweisen erinnert, wie sie ja auch im Hohelied verwendet ist. Trunken vom Wein der Liebe kommen die Geliebten zusammen.

Gertrud schreibt und lädt ein zu beten:

O wenn du doch, o innige Liebe, du Königin, mich hineinführtest in deine Weinkeller, damit ich mit süßem Wohlgefallen koste, deine edleren Weine, die dort verborgen liegen. Ja, alle deine Krüge sind Gottes übervoll, und von heiligem lebenspendendem Geist quellen sie über. (EX V, 185)

Für die von der eher nüchternen religiösen Sprache der Gegenwart geprägten Menschen mag diese blumige Sprache zunächst befremdlich klingen. Aber gerade das könnte ein Anreiz sein. Man möchte wissen, was ist dran, was hat sie eigentlich gemeint und wie können wir es nutzbar machen?

Eine Redensart besagt ja: „Tradition heißt nicht, die Asche bewahren, sondern eine Flamme am Leben erhalten." Was spricht also als lebendige Flamme zu uns?

Der Gesandte der göttlichen Liebe wird zwar Gertrud zugeschrieben, ist aber eine Art Gemeinschaftsproduktion. Er enthält eine spirituelle Autobiographie von

Gertrud von Helfta, aber auch Aufzeichnungen über ihr Leben, das Leben der Gertrud von Hackeborn und von Visionen Mechthilds durch eine namentlich nicht genannte Mitschwester. Auch die Ankunft Mechthilds von Magdeburg und die Umstände ihres bewegenden Sterbens sind beschrieben. Die verschiedenen Personen der Gemeinschaft bezeugen und bestätigen gegenseitig die Authentizität, die Echtheit ihrer religiösen Erfahrungen und des daraus resultierenden Lebens und Wirkens. Man kann auch etwas über die gegenseitige geistliche Begleitung erfahren.

Ein autobiographischer Text von in geistlichen Dingen erfahrenen Menschen ist von unschätzbarem Wert. Sie kennen die Tücken des Weges und helfen, mit Zuversicht auf dem Weg zu bleiben. Denn nicht immer lebt man in einer Gemeinschaft, die einen stützt, oder hat einen geistlichen Begleiter, dem man vertraut und der versteht, wovon man spricht.

Das Buch heißt *Gesandter der Göttlichen Liebe,* versteht sich also, genau wie *Das fließende Licht* als ein Bote, ein Überbringer und Künder der Liebe selbst. Die Erfahrung, die für Gertrud zum Dreh- und Angelpunkt ihres Lebens wurde und ohne die das Buch sicherlich nie verfasst worden wäre, widerfährt ihr bei einer ganz alltäglichen Situation.

Sie grüßt im Schlafsaal eine ältere Mitschwester, so wie es üblich war. Diese alltägliche Geste ist an sich nichts Besonderes, aber an diesem Tag wird sie zum Auslöser für eine neue Sehweise und Gewissheit. Danach fühlte sie sich, wörtlich, durch „neue geistige Fröhlichkeit erheitert“ und empfand das Leben, das ihr noch vorher unerträglich schien, als leicht.

Ihre Erfahrung, die sich allen sichtbaren Bildern entzieht, stellt sich vor ihrem inneren Auge als eine Begegnung mit einem jungen Mann dar. Sie hört die Worte: „Ich werde dich retten und befreien, fürchte dich nicht! Und „kehre endlich zurück zu mir, und ich will dich aufnehmen und mit dem Strome meiner göttlichen Wonne berauschen.“ Eine Dornenhecke, die plötzlich zwischen ihr und dem Jüngling wächst, lässt sie zaudern und verzweifeln, bis der sie dann hochhebt und auf der anderen Seite neben sich stellt. (GdL II)

Es ist zwar von zwei Personen die Rede, aber in diesem Geschehen wird die für unüberwindlich gehaltene Trennung aufgehoben. Beide finden sich auf derselben Seite. Und zwar nicht durch die Bemühung Gertruds, sondern dadurch, dass sie ohne eigenes Zutun erhoben wird und die Trennung so aufgehoben wird. Das ist die Visualisierung der bildlosen Erfahrung.

Die zentrale Erkenntnis liegt in der Gewissheit, von Anfang an geliebt zu sein und in der Liebe zu leben, aus der heraus alles geschieht. Aus der „Gott-Liebe" kommt alles, lebt alles, und dorthin kehrt auch alles zurück. Es gibt kein Gericht und kein strafendes „Auge Gottes", sondern es gibt nur die eine große Liebe *amor deus*. Diese Liebe muss nicht verdient werden durch Übungen, Gebete, Selbstgeißelungen, eine Vorstellung, die nicht nur in dieser Zeit durchaus üblich war, sondern sie ist schon da, und die Erfahrung der Einung, die sie beschreibt, wurde ihr zum Anreiz, weiterzugehen. *„Meine Seele wurde angelockt, danach zu streben, dass sie dir* ***inniger vereinigt*** würde, dich ***klarer sehe*** und dich ***freier genösse***.*"* Denn bis dahin, so schreibt sie, *habe ich so wenig um die Betrachtung des Innersten meines Herzens Sorge getragen wie, wenn man so sagen kann, um das Innere meiner Füße.* (GdL S. 76) Als sie sich dann aber vorgenommen hat, ernstlich zu ringen und sich zu bemühen, größere Vereinigung, Erkenntnis und Klarheit zu erreichen, da kommt ihr Gott zuvor und spricht: *„Sieh, ich bin schon da."*

Die Erfahrung, so bedingungslos angenommen und beschenkt zu sein, führt dazu, dass sie noch weiter angelockt wird, und zwar, so schreibt sie, in viel höherem Maße, als es irgendeine Strafe für Unzulänglichkeiten hätte bewirken können. (GdL S. 77) Sie schreibt, wie sie dann am Weiher auf dem Klostergelände zu einer weiteren wichtigen Einsicht gelangte. Dort saß sie sehr gerne. Sie betrachtete das helle und klare Wasser, die grünenden Bäume, die Vögel, die so frei herumflogen, und genoss die tiefe Ruhe an diesem Platz, zu dem sie oft ging. Da wurde ihr die Natur zur Anschauung, und es kam ihr in den Sinn: *Wenn ich den Fluss deiner Gnaden mit beständiger Dankbarkeit in dich, seinen Urquell zurückergösse, wenn ich durch gute Werke grünend und blühend in der Weise der Bäume wüchse; wenn ich* ***in freiem Fluge gleich der Taube*** *dem Himmlischen zustrebte und hierdurch mit den Sinnen des Körpers vom Lärm der Außenwelt hinweggezogen, die ganze Seele mit dir allein beschäftigte. Dann würde mein Herz dir eine liebliche Wohnstätte darbieten.* (GdL S. 78)

Solchermaßen eingestimmt, kommen ihr am Abend, als sie vor dem Schlafengehen beim Gebet kniet, die Worte aus dem Johannes Evangelium in den Sinn: *„Wenn jemand mich liebt, der wird mein Wort halten, und mein Vater wird ihn lieben, und wir werden zu ihm kommen und Wohnung bei ihm nehmen."* Und sie fährt fort: *und mein erdhaft Herz fühlte, dass du offenbar angekommen warst.* (GdL S. 78)

In dieser kurzen Szene, die so anrührend und einfach endet, verbergen sich ganz zentrale Aspekte ihres Erkennens.

Man sieht, wie sie mit den biblischen Texten lebt, ja wie sie in ihr leben und wie sich zum geeigneten Zeitpunkt ein Verständnis erschließt.

Alle Erfahrungen, von denen sie schreibt, sind sehr eng angebunden an biblische Texte und Ereignisse und Formen des religiösen Lebens im Kloster. So will sie verdeutlichen, dass es sich hier nicht um ein nur subjektives Erleben handelt, sondern dass diese Erfahrungen eine objektive Bestätigung erhalten. Vielleicht sollte so auch einer möglichen Zensur vorgebeugt werden. Die Erfahrungen der Mechthild von Magdeburg standen ja allen nur zu deutlich vor Augen. Die gemeinsame Praxis von Chorgebet und Liturgie wird deshalb auch nicht aufgehoben, sondern so ergänzt, dass die gemeinsamen Rituale einen vertieften Sinn erhalten. Gertrud von Helfta hat, genau wie Mechthild, die biblischen Texte studiert, für wahr gehalten und in ihrem Gehalt wörtlich genommen, wie es ja auch gedacht ist.

Wenn jemand mich liebt, der wird mein Wort halten, und mein Vater wird ihn lieben, und wir werden zu ihm kommen und Wohnung bei ihm nehmen.

Das, was da Wohnung nimmt, sind Licht, Freude, Friede, Wahrheit, Liebe, Heiterkeit.

Natürlich fällt ihr da auf, wie unangemessen die Wohnung scheint, aber *Gott wird alles in allem sei*n (GdL S. 87), *wie Paulus schreibt,* und lässt sich nicht abschrecken.

Erst zwanzig Jahre später entschließt sie sich nach langem Zögern, ihre Erfahrungen aufzuschreiben. Sie stellt den Entscheidungsprozess in Form eines Gesprächs mit Gott dar:

„Gib mein Geld den Wechslern, damit ich bei meiner Ankunft es mit Zinsen zurückverlange". Also wurde sie belehrt, jene Gründe zur Zurückhaltung, die sie für göttliche Eingebung hielt, seien in Wahrheit aus dem eigenen menschlichen Sinne entsprungen. Denn nach dem Zeugnisse Salomens „ist es ehrenvoll für Könige, dass man ihr Wort geheim halte; Gottes Ruhm aber verlangt, sein Wort zu offenbaren."

Das, was sie erfahren hat, soll mitgeteilt werden, und sie schreibt es auf als Erinnerung und als Dank. Dabei benutzt sie den Vergleich mit einer Rose:

Aber obgleich die Rose zur Frühlingszeit, wenn sie grünend und blühend Wohlgeruch ausströmt, ganz anders gefällt als im Winter, wo sie längst verwelkt ist und man nur sagt, dass sie lieblich geduftet habe, so erweckt doch auch die Erinnerung an den früheren Genuss noch auf ein Weilchen Freude. Deshalb wünsche auch ich, durch welches Gleichnis ich es vermag, zum Preise deiner Liebe mitzuteilen, was meine Niedrigkeit in jener deiner beseligenden Anschauung empfand, damit, wenn einer der Leser vielleicht Ähnliches oder Größeres empfangen hat, er durch die Erinnerung zur Danksagung angeregt werde. Und auch ich selbst will öfter die Finsternis meiner Nachlässigkeiten mittels Danksagung durch diesen sonnenhell schimmernden Spiegel einigermaßen verscheuchen. (GdL S. 87)

Erinnerung und Dank sind für sie zwei grundsätzliche Weisen, die spirituelle Erfahrung zu fördern und zu vertiefen.

Wir lernen auch indirekt, dass, obwohl die mystische Erfahrung der Autorin unbestritten ist, der Weg damit noch lange nicht zu Ende war. Auch sie kennt Zeiten der Finsternis, und die Probleme des alltäglichen Lebens bleiben. Auch körperliche Beschwerden machen ihr zu schaffen. Einmal ist von der Pest die Rede, sie kann teilweise nicht mehr gehen und stehen, und auch mit den Augen hat sie große Probleme.

Denn die beglückende Erfahrung der Einung und der Liebe führt zu ihrem Erstaunen und manchmal auch Entsetzen nicht dazu, dass sich auch das Zusammenleben mit den anderen beglückend gestaltet. Manchmal muss sie mit Zorn kämpfen, manchmal empfindet sie sich als kaltherzig. Sie hat den Eindruck, dass es ihr an Sanftmut und Geduld fehlt. Und durch ihre Lehrerin Mechthild, an die sie sich in dieser Frage wendet, erkennt sie, dass die innere Ruhe durch Selbst-Erinnerung auch in Widrigkeiten vergegenwärtigt werden kann. Und dass Geduld und innerer Friede nicht bedeuten, dass es keine Widrigkeiten gibt, sondern darin bestehen, in den Widrigkeiten die Herzensruhe zu bewahren.

In ihren Aufzeichnungen beschreibt sie immer konkrete Situationen. Sie fragt sich einmal vor dem Mittagessen, als sie gerade die Hände gewaschen hat und sieht, wie hell die Sonne scheint, *wie kann es sein, dass ich von Gottes Gegenwart erfüllt bin, der ja so groß und mächtig ist, dass ihn sogar „Sonne und Mond bewundern", und gleichzeitig im Umgang mit den Menschen mich gefühllos und manchmal kaltherzig zeige.* Sie erkennt, dass die Allmacht Gottes sich gerade nicht in zwanghafter Umgestaltung des Menschen zeigt, sondern in der Geduld, die *Unvollkommenheit zu ertragen, bis ich sie durch freien Willen auf den Weg der Vollkommenheit führe.* Die Umgestaltung vollzieht sich immer nach dem Maß des jeweiligen Menschen. (GdL S.107)

Ein andermal sieht Gertrud einige Personen, für die sie beten sollte, zur Kommunion gehen und denkt dabei an alle die Erfahrungen, die ihr schon zuteilwurden. Sie erkennt die Gefahr des Hochmuts, eine der Leidenschaften, die die Wüstenväter benennen. Sie fürchtet, dass dadurch „der Zustrom der Gnade" versiegen könnte. In ihrer Auseinandersetzung mit dieser Leidenschaft kommt ihr als Einsicht folgendes heilsame Bild: *Die Liebe Gottes ist vergleichbar mit der eines Familienvaters, der alle Kinder gleich liebt und sich an ihrer Schönheit freut. Es ist aber auch ein kleines Kind darunter, das die Schönheit der anderen noch nicht erreicht hat, und deshalb nimmt der Vater es aus Mitleid etwas häufiger auf den Schoß und spricht häufiger mit ihm.* (GdL S. 109)

Einmal machte sie an Pfingsten eine so tiefe spirituelle Erfahrung wörtlich: *„dass ich über das Wunder staune, wie ich nach jenen Stunden noch länger als Mensch unter Menschen leben konnte, und was an mir noch mehr Verwunderung, ja Grauen erregend ist, wie ich meine Fehler hiernach leider nicht gebessert habe.* (GdL S. 122)

Der Amerikaner Jack Kornfield hat sehr viele Geschichten von Menschen unserer Zeit unterschiedlicher Religion zusammengetragen, die genau dieses Phänomen beschreiben. Sein Buch heißt auf Deutsch: „Das Tor des Erwachens". Der englische Originaltitel heißt aber treffender: *„After the Exstasy the Laundry"*, also: *Nach der Ekstase die große Wäsche.* Manche fühlen sich voller Frieden, eins mit dem Universum beim Kurs oder Retreat, aber sobald sie zu Hause sind, beginnen erneut die Schwierigkeiten mit der Familie, und sie können es gar nicht fassen. Das alltägliche Leben verändert sich erst allmählich, und oft muss man erst einmal die Wäsche waschen, Altes aufarbeiten und neue Gewohnheiten lernen.

Die großen Vorgänger auf dem geistlichen Weg sind gerade dadurch Vorgänger, dass sie diese Auseinandersetzung nicht verschweigen. Gerade das tröstet und ermutigt, auf dem Weg zu bleiben.

Einmal beschäftigte sie sich eingehender mit den in einem Paulusbrief an die Korinther genannten Tugenden. Paulus hat eine lange Liste zusammengestellt. Man soll Gott dienen durch große Standhaftigkeit, durch lautere Gesinnung, durch Langmut, durch Güte, durch Freundlichkeit, durch Erkenntnis, durch den Heiligen Geist, durch ungeheuchelte Liebe, durch das Wort der Wahrheit usw. Sie wollte einige zur „Nachahmung und zur Belehrung" auswählen. Sie weiß, dass es eine Überforderung wäre, alle zu üben, und Gott soll ihr sagen, was auszuwählen ist. Als Antwort kommt ihr: *„Erinnere dich, dass es mitten in der Aufzählung heißt: „im Heiligen Geiste". Der Heilige Geist aber ist der gute Wille; deshalb bemühe dich um einen guten Willen, dann wirst du auch Fortschritte in allen Tugenden machen.* (GdL S. 374ff)

Die Erkenntnis oder Belehrung ist nicht in Form eines Lehrsatzes formuliert, sondern als Dialog und äußerst lebenspraktisch.

Gertrud beendet ihre spirituelle Autobiographie mit einem wichtigen Hinweis zur Bedeutung der Bilder, die sie ja durchgängig verwendet:

*Wie Schüler durch das **Alphabet** allmählich zur Lehre von den Gesetzen des Denkens gelangen, so mögen jene hierdurch* (durch ihre Schrift*) wie durch gemalte Bilder zum innerlichen Verkosten jenes verborgenen Mannas geführt werden, das durch keinerlei Beimischung von körperlichen Bildern mitgeteilt werden kann, sondern wer nur hiervon genießt, der hungert noch. Mit diesem Manna mögest du, o Gott, allmächtiger Spender aller Güter, aufs reichlichste uns weiden auf der ganzen Reise in diesem Elende, bis wir im enthüllten Antlitze die Herrlichkeit des Herrn schauend, in dasselbe Bild umgestaltet werden von Klarheit zu Klarheit durch die Kraft deines allersüßesten Geistes.* (GdL S. 127) Das verborgene Manna, ***das nicht durch Bilder mitgeteilt wird***. Bilder sind eine Hilfe und eine Anlockung, aber wer bei den Bildern bleibt, der ist noch nicht beim Leben angekommen.

Schon in der Einleitung zum Buch steht:

Weil aber das Unsichtbare und Geistige für das Verständnis der Menschen nur durch Gleichnisse von körperlichen und sichtbaren Dingen ausgedrückt werden kann, so muss man es unter der Hülle menschlicher und sinnfälliger Bilder vorstellen. (GdL S. 20)

So sei es auch in der heiligen Schrift, wo z.B. vom Land, wo Milch und Honig fließen, gesprochen wird. Oder von Jerusalem als mit Edelsteinen verziert. Doch: *Dort ist nichts hiervon der äußeren Erscheinung nach, während es dennoch vollkommen daselbst ist dem Urbilde nach.* (GdL S. 21) Es wäre fatal, würden wir die Erfahrung der Frauen von Helfta mit den Bildern verwechseln, die sie benutzen. Wenn man eine Bergbesteigung macht, ist es wunderbar, Hinweisschilder zu haben und kundige Menschen, die einen Weg angelegt haben, aber keiner käme auf die Idee, das Schild oder die Beschreibung der Tour mit dem Berg zu verwechseln. Aber wer unterwegs ist, freut sich über Hinweisschilder, und die Erzählungen anderer spornen an. Denn es gibt den Berg wirklich.

Unsere Übung bleibt das stille Sitzen.

4. Wer wird Flügel mir geben wie einer Taube, und fliegen werde ich in Sehnsucht im Wunsch Ruhe zu finden in dir.

Die Taube als Sinnbild für die Seele ist uns schon früher begegnet in der Szene am Weiher in Helfta, wo sich Gertrud vom Anblick des freien Flugs der Taube inspiriert fühlt. Die Taube kann die Erdenschwere hinter sich lassen. Sie breitet einfach ihre Flügel aus und lässt sich tragen von der Luft. Es sieht so aus, als brauchte sie nichts zu tun, manchmal schwebt sie in der Luft, ohne die Flügel zu bewegen. Ein im Wortsinn erhebender Anblick.

Auch Mechthild von Magdeburg hatte von der Seele als Taube gesprochen und Gott sprechen lassen:

Sei willkommen liebe Taube.
Du bist so kühn über die Erde geflogen,
dass dir Flügel wuchsen im Himmel droben. (FLI S. 18)

Wer wird Flügel mir geben wie einer Taube
und fliegen werde ich in Sehnsucht, im Wunsch Ruhe zu finden in dir.

Dieses Wort spricht von Bewegung und Ruhe, Herzensruhe. In ihren *Geistlichen Übungen* gibt Gertrud der Sehnsucht nach dieser Herzensruhe Worte. Das unbestimmte Durstgefühl nach Erfüllung, Frieden und Heimkehr, Ruhe und Einheit, Weite und Freiheit wird, von A bis Z durchbuchstabiert, in Worte gebracht:

O Liebe, Liebe [...] wo gelangt man hin zu diesen fetten Weiden des lebenspendenden Geistes? Wo, wo ist der Weg des Lebens, der hinführt zu den Auen, die als Tau Gott hervorquellen und die dürstenden Herzen erquicken? (EX VI)

Durch diese poetischen Worte mit den eindringlichen Bildern und sich wiederholenden Satzanfängen entsteht ein Raum. Ein Raum von himmlischen Dimensionen, so wie es auch die Architektur der gotischen Kathedralen anstrebte. Beim Betreten dieser Gotteshäuser wendet sich der Blick automatisch in die Höhe und nach vorne, dorthin, wo der Altarraum ist und wo der Tabernakel steht. Die Kathedralen mit ihren riesigen Glasfenstern sind Zeugnis und Verkündigung einer anderen Dimension, die sich aber gleichwohl im Irdischen zeigt. Die geistlichen Übungen stellen in ihrer großen Sprachkraft ein ähnliches Gebäude dar. Es lädt die Beter dazu ein und fördert sie darin, selbst ein solcher Gottesraum zu werden.

Der Mensch darf sich als Wohnort der Liebe begreifen. Gleichzeitig aber ist die Liebe Wohnort des Menschen.

Bete zu Gott, dass er sich aus dir ein Kloster baue. Ein Kloster der Minne. (EX II)

Du, dehne aus mein Herz in dich und meine Seele mache weit, dass alle Gefäße meines Inneren erfüllt werden von deiner Glorie. (EX VI)

O könnte es mir doch gegeben werden, gar nahe dir zu kommen, dass ich mich finde nicht mehr neben dir, sondern in dir. (EX VI)

Hier geht um eine ganzheitliche Erfahrung – Herz, Geist und Körper, alle inneren Gefäße sind beteiligt. Jede innerste Zelle soll sich strecken und recken, sich weiten, soll bereit sein zur Öffnung.

Die *Geistlichen Übungen* bestehen genauso wie das Buch *Vom fließenden Licht der Gottheit* formal aus sieben Teilen. Jeder Teil hat als Thema wichtige Stationen im geistlichen Leben, angefangen bei der Taufe, die dann noch einmal geistlich als innere Realität nachvollzogen werden. Andere Überschriften lauten: Brautversprechen und Weihe, die Göttliche Liebe, Lobpreis und Dank, Wiedergutmachung und Vorbereitung auf den Tod.

Die *Geistlichen Übungen* sind nicht nur ein Anleitungsbuch, sondern in den Gebeten und Dialogen verbirgt sich auch eine Gotteslehre.

Grundlegend ist, wie später bei Meister Eckehart, der vier Jahre jünger war als Gertrud, die Vorstellung von einem göttlichen Wesen, das in keiner Weise zu fassen ist. Dafür stehen Ausdrücke, die sich auch der bildlichen Vorstellung entziehen: *Abgrund* und *Quell allen Lichts*. Dieses Göttliche ist gleichzeitig personal, ohne als „Person" fassbar zu sein; es offenbart sich als *lichtvolles Antlitz* und *honigfließendes Angesicht*. Diese Redeweise vom *honigfließenden* Angesicht knüpft an die Vorstellung vom Land, wo Milch und Honig fließen, an. „Die Weisungen des Herrn sind süßer als Honig" heißt es in einem Psalm (Ps18, 11), „Honig macht die Augen leuchtend" steht im Buch Samuel (1 Sam 14,27). Honig steht für Leben, genießen, Seligkeit, und so soll das Sprechen vom honigfließenden Angesicht für die Seligkeit der Geistesgegenwart stehen. (Luislampe in Ringler S. 68) Auch der häufige Gebrauch des Wortes *süß* ist so zu erklären.

Liebe ist das Wesen Gottes. Diese *Gott-Liebe* strömt aus sich aus und zu ihr kehrt alles zurück. Sie ist vollkommene Bewegung und vollkommene Ruhe. Dem Menschen begegnet Gott nicht nur in der Person Jesu Christi, sondern Gott ist in all seinen Erscheinungsformen und Wirkungsweisen dem Menschen gleich nahe, nimmt Wohnung in ihm und wirkt in ihm; die eigentliche Erlösung geschieht im Inneren des Menschen. Gertrud ist sich sicher: Die Beziehung zu Gott als der Liebe selbst befreit den Menschen von aller Angst. In der Begegnung mit Gott gewinnt der Mensch Wert und Würde, entwickelt all seine Kräfte und führt sein Leben so, dass er selbst und die Gemeinschaft, in der er lebt, zu immer größerer Ganzheit gelangen können. Der Mensch wird zum Leben befreit. (EX, Ringler S. 16/17) Zuversicht und Freude erfüllen ihn auch in schwierigen Zeiten.

Das zeigt sich auch in der Form der Geistlichen Übungen, die der Vertiefung dienen sollen. Es geht nicht darum, etwas zu leisten oder gar Vorleistungen zu erbringen, um akzeptabel vor Gott dazustehen, sondern das Angenommen-Sein steht am Anfang und liegt allem zugrunde. Wie die Schüler, die das Alphabet Buchstabe für Buchstabe lernen müssen, so soll auch der Beter/die Beterin fortschreiten in dieser Erfahrung, Buchstabe für Buchstabe. Nicht indem er oder sie mögliche Verfehlungen betrachtet, sondern indem sie durch Lob und Dank zu einem immer tieferen Verständnis der Gott-Liebe **Amor-Deus** kommen. In Anlehnung an die klösterlichen Gebetsformen schreibt sie:

Zur Terz bete zum Herrn, dass er mit lebendigen Buchstaben seines Geisthauchs deinem Herzen einschreibe das feurige Gesetz seiner göttlichen Liebe, dass du unzertrennlich ihm anhangest zu allen Stunden. Und dies mit dem Gebet und der Verszeile:

*O Gott-Liebe, **wie gegenwärtig bist du denen, die dich suchen**, wie süß, wie liebenswürdig denen, die zu dir kommen und dich finden. O, wenn du nun vor mir ausbreiten würdest dein bewunderungswürdiges Alphabet, auf das mein Herz, mit dir gemeinsam, sich unterziehe einem einzigen Studium. Sagen sollst du mir nun **in lebendiger Erfahrung**, was das ist, oder welcher Art es sei: das Alpha deiner schönen Liebe und Neigung, das glorreich die erste Stelle einnimmt.*

Auch verheimliche mir nicht, was reiche Fülle gibt allen Generationen: das Beta deiner kaiserlichen Weisheit, das uns Frucht bringt.

Mit dem Finger deines Geisthauchs zeige mir mit lieber Sorgfalt und mit Bild und Siegelzeichen einzeln jeden Buchstaben deiner innigen Liebe: auf dass ich – deine süßen Gaben schon bis zum Mark verkostend – diese Buchstaben in Wahrheit mit des Herzens reinem Auge ausforsche und durchleuchte, sie erlerne, sie wisse und sie voll und ganz, soweit es hier in diesem Leben sein darf, neu vertieft erkenne: diese Buchstaben deiner innigen Liebe. Lehre mich im Zusammenwirken mit deinem Geisthauch das Tau, das Zeichen höchster Vollkommenheit, und führe mich hin zum Omega voller Vollendung. Mach, dass ich in diesem Leben deine Schrift, die voll von inniger Liebe und Neigung ist, so vollkommen erlerne, dass in mir kein einziges Jota leer bleibt und nicht erfüllt ist von deiner innigen Liebe. (Ex VI)

Ich erinnere mich daran, dass ich als Kind einmal nach den Sommerferien das Schreiben in Schreibschrift verlernt hatte. Ich kannte alle Buchstaben und konnte zu Beginn des 2. Schuljahres auch schreiben, aber dann – damals begann das Schuljahr noch im Frühjahr – kamen die großen Sommerferien, und als die Schule wiederbegann, habe ich zuerst mühsam Druckbuchstaben geschrieben. Ich hatte also etwas gelernt, aber es war noch nicht gefestigt, und so konnte es auch wieder verloren gehen. Wenn ich nicht weiter zur Schule gegangen wäre, hätte ich es sicher schwer gehabt mit dem Schreiben.

Schreiben lernt man nicht, indem man nur die Buchstaben betrachtet, sondern indem man selbst zunächst Buchstaben nachmalt. Musizieren lernt man nicht, indem man sich nur an den Noten und der Musik erfreut, sondern nur dadurch, dass man musiziert. Und so spricht der Text dem Leser Gebete vor. Die Rolle, die Gertrud dabei übernimmt, erinnert mich an meine ersten Erfahrungen mit dem Schwimmen:

Wer schwimmen lernen will, muss bestimmte Bewegungen kennen, aber er braucht vor allen Dingen das Vertrauen darin, dass das Wasser trägt. Als Kinder lernten wir schwimmen durch die Erwachsenen, die uns mit ins Schwimmbad nahmen. Ein Gefühl für das Schwimmen bekamen wir dadurch, dass wir die erfahrenen Schwimmer, die Erwachsenen, an der Hüfte halten durften, und so schwammen wir gleichsam mit ihnen, obwohl wir noch Nichtschwimmer waren. Sie nahmen uns mit in ihr Schwimmen hinein, und wir lernten die Freude daran kennen durch mitschwimmen, ließen uns mittragen, bevor wir dann selbst, vom Wasser getragen, unterwegs sein konnten.

Und so sind die Beter eingeladen, mit Hilfe der vorgegebenen Worte den eigenen Herzraum zu erweitern und die Schwerkraft der Enge und Traurigkeit hinter sich zu lassen.

O *Gott-Liebe, jeder, der dich nicht liebt und schätzt, ist stumm und sprachlos wie ein Kind [...] Eia, ich möchte doch nicht in der Schule deiner innigen Liebe immer so zurückgelassen werden, ich allein, ganz so wie ein zartes Junges, das du aufziehst und das noch im Ei ist; sondern in dir und durch dich, ja vielmehr: mit dir zusammen möge ich gehen und Fortschritte machen von Tag zu Tag, von Tugend zu Tugend, täglich möchte ich dir Frucht bringen auf dem Weg deiner Liebe und Neigung,* ***der führt zu neuen Grenzen.*** *Auch genügt mir nicht von dir zu wissen nur silbenweise. Ich ersehne, ich begehre und ich wünsche tausendmal herbei, dich zu kennen auch in der „Theorie", dich im Geiste schauend, und dich zu lieben mit starker Kraft; und dich nicht nur in süßer Zärtlichkeit, sondern* ***auch verständig*** *und mit Geschmack zu schätzen und zu lieben. [...]*

Nun o Liebe, mach, ***dass ich dich neu erkenne in Wahrheit****, und stelle dir auf in meiner Seele einen Sitz in aller Heiligkeit. Amen.* (EX VI)

Der Weg in diese Erfahrung führt über das Leerwerden, wie sie immer wieder betont. Leer werden für Gott. Die Leere macht ein Miteinanderwohnen möglich. (Benediktinischer Leitsatz: Vacare deo, habitare secum. Kontemplation: Mit im Tempel sein)

Jenen Tag, an dem du dich ***leer von allem*** *gemacht hast und frei für die Liebe, sollen auch deine Sinne von der wahren Sonne, die Gott ist, entzündet werden, auf dass du nie erlöschest, sondern von Tag zu Tag wächst in der Liebe;* (EX V)

Sooft du leer von allem sein willst, frei für die Liebe, so ziehe dein Herz weg von allen ungeordneten Gemütsregungen, hemmenden Fesseln und Einbildungen der Phantasie. (EX V)

Setze dir bisweilen einen bestimmten Tag fest, an dem du, ohne dass dich etwas hindert, innerlich leer sein kannst, frei für den göttlichen Lobpreis. (EX VI)

Für Gertrud ist das Herz ein ganz zentrales Bild für das Wesen des Menschen und auch für das Wesen Gottes.

Und hören soll dann meine Seele aus deinem Munde dieses gute und liebliche Wort: Dein Heil bin ich; siehe, schon steht dir offen meines Herzens Ruhekammer. (EX VI)

Die Liebe wird erfahrbar als Erbarmen/Barmherzigkeit. Das lateinische Wort heißt *misericordia* und spiegelt das wider. Denn in der Mitte dieses Wortes steht die Silbe ***cor*** und das heißt Herz. Miseri**cor**dia.

In der Bildsprache Gertruds wohnt Gott im Herzen des Menschen, auch wenn es sich nur um ein „Herzenskörnchen" handelt, und der Mensch im Herzen Gottes. *Dort, dort in deines göttlichen Herzens goldenes Rauchgefäß, in dem zu deinem Lobpreis ohne Unterlass verbrennt der ewigen Liebe lieblichst duftender Weihrauch. Dorthin werfe auch ich des Herzens winzigst kleines Korn, und so begehre und ersehne ich, dass auch dies mein Herzenskörnlein, das wertlos und unwürdig ist, im Anhauch deines Lebensatems mit stürmischer Gewalt lebendige Flamme wird und übergeht in das eine Glutbecken, aus dem dein Lob aufsteigt. Und jene langen Seufzer meines Atemzugs vom Abgrund der Erde hin zu dir, wenn ich tagtäglich nach dir Ausschau halte, sie seien dir fortdauernder Lobpreis und Ruhm und Herrlichkeit. Amen, so geschehe es.* (EX VI)

An späterer Stelle spricht sie von einem wechselseitigen Austausch der Herzen: *Geh nun hinein in mich, und wechselseitig führe mich hinein in dich.* (EX II)

Die Leitgedanken, die die Gebete bestimmen, sind Lobpreis, Erinnerung und Dank. In diesem Erinnern und Danken und dem daraus entstehenden Loben weitet sich der Herzraum. Auch viele Teile der Bibel bestehen aus Erinnerung an das Heilswirken. Diese Passagen entstehen immer in schwierigen Zeiten zum Trost und zur Ermutigung. Gertrud hat selbst erfahren, wie ihr in dunklen Zeiten die Erinnerung und die Dankbarkeit geholfen haben, wieder in die Geistesgegenwart und deren Freude zu gelangen. Und so formuliert sie:

Mein Gott, du meine Barmherzigkeit. Für alles Gute, das du getan hast, tust und tun willst, tun für mich, dafür erstatte nun an meiner Stelle dir jedweden Lobpreis. (EX VI)

Habt ihr bemerkt? Das Loben und Preisen wird unmerklich übernommen von dem *„was in mir Geist und Atem hat"*, ja von der Liebe selbst. So wird der Beter, ohne es zunächst wahrzunehmen, in die Erfahrung hineingenommen, in der das Ich aufgehoben ist. Denn durch den Menschen, der nur „durch Geist und Atem /Liebe lebt", lobt und preist die Liebe sich selbst.

Eia, o Leben dessen, was in mir Geist und Atem hat, überbringe du den Schrei meiner Sehnsucht und vereine ihn mit der einen Stimme des festlich frohen Saitenspieles deiner Liebe. (EX VI)

Eia, und eia, o meines Herzens wahre Liebe, an meiner Stelle erstatte du dir selbst in dieser Stunde Lob und Dank zu deiner Zier. (EX VI)

So lobe dich in dir, in mir, und an meiner Stelle: in der ganzen Kraft deiner Gottheit, in der ganzen Leidenschaft deines Menschseins, stellvertretend für das leidenschaftliche Verlangen des ganzen Universums: bis dass du endlich mich, Atom im Universum deiner Schöpfung, durch dich, der du der Weg bist, mitführst und zu dir, der du die Wahrheit bist, hinführst und dich, der du das Leben bist, hineinführst und dort mich heimlich birgst, auf dass mir ewig zuteilwerde dein Angesicht. (EX VI)

Hier taucht das auf, was Cusanus später als Ineinsfall der Gegensätze bezeichnen wird. Die Wahrheit ist jenseits der Erfahrung von personal und transpersonal und gleichzeitig in der Erfahrung von personal und transpersonal.

Die Lobpreisungen und Danksagungen sind wie ein Strömen, das alles umfasst. Und wie ein Weiterschreiben des Psalmwortes: Alles was Odem hat, lobe den Herrn. Auch hierin zeigt sich das „Fließende Licht der Gottheit."

Alle Sinne werden gepriesen: *Selig die Augen, die Ohren, die Nase, der Mund.* Im Alphabet der Liebe wird alles angesprochen und durchbuchstabiert.

Das, was später Theresa von Avila zusammenfasst in dem Satz *Solo dios basta* entfaltet sich bei Gertrud als

Dir nun also,
aus dem alles, durch den alles, in dem alles ist:
dir allein
Ehre, Ruhm und Herrlichkeit in alle Weltenzeit.
Amen (EX V)

Amen, so geschehe es, (sollen?) sagen
alle Kräfte, alle Sinne, jede Regung des Körpers und der Seele mein.

Es ist eine Erfahrungstatsache, dass durch diese Übung des Dankens, Lobens und Segnens sich der Beter, die Beterin selbst verändert. Mechthild schreibt:

Das Gebet hat große Macht,
das ein Mensch verrichtet mit seiner ganzen Kraft.
Es macht ein bitteres Herz süß,
ein trauriges Herz froh,
ein armes Herz reich,
ein törichtes Herz weise,
ein zaghaftes Herz kühn, ein schwaches Herz stark,
ein blindes Herz sehend, eine kalte Seele brennend.
Es zieht den großen Gott in ein kleines Herz,
es treibt die hungrige Seele hinauf zu dem Gott der Fülle.
Es vereint die zwei Lieben, Gott und die Seele. (FL V,13)

Gott, wenn du meine Seele gewendet hast zu dir, dann lässt du mich nicht irgendetwas anderes noch denken oder fühlen außer dir, und mich, mich selbst trägst du hinweg von mir hinein in dich, so dass ich keine Sorge mehr haben kann um mich. Denn hinweg von mir birgst du heimlich mich in dir. (EX VI)

Welche Freude wird dann sein, welch ein Jauchzen, welch ein Jubel, wenn meine Seele dich schauen wird von Angesicht zu Angesicht! Gewiss wird dann nichts weiter mir lieb sein, als nur noch leer zu sein und frei von allem [...] da ich in Einklang wieder bin. (EX VI)

In aller Freude wird aber auch die Traurigkeit der Beterin benannt:

Du: bei all meiner Traurigkeit bereitest du mir zu meiner Ehre Gastmahle. (EX VI)

Der Lobgesang soll zu Erneuerung führen und zu neuen Grenzen, zur Erfahrung der Geistes-Gegenwart.

Und fröhlich ausgelassen vor Freude
Über deine selig machende Gegenwart
Ist sie wie einer, der einen Fund gemacht hat:
Gleich hält sie ihn fest, und so erfasst sie
Des ewigen Lebens grenzenlose Freuden,
Die sie besitzen wird in dir auf ewig,
O Gott Liebe,
Amen

Wer wird Flügel mir geben wie einer Taube
und fliegen werde ich in Sehnsucht,
im Wunsch Ruhe zu finden in dir.

Am Ende wird es der sehnsüchtigen Seele so gehen wie in dem Gedicht von Eichendorff:

Und meine Seele spannte
Weit ihre Flügel aus,
Flog durch die stillen Lande,
Als flöge sie nach Haus.

Auf dem Gelände des neuen Klosters von Helfta gibt es eine Skulptur. Drei weibliche Personen, gleich gekleidet als Ordensfrauen und von gleicher Größe, stehen auf einem Boot. Mit ihr sollte den drei großen Frauen ein Denkmal gesetzt werden. Es wäre aber völlig falsch, sie als gleich zu sehen, denn was sie gerade auszeichnet, ist, dass sie in gleicher Weise in innerer Freiheit ihren je eigenen Weg und ihre eigenen Worte als Ausdruck der

Gottesgegenwart gefunden haben. Es wäre auch falsch, sie auf einen Sockel zu stellen. Denn sie wollten ja nicht, um in einem oben gebrauchten Bild zu bleiben, allen nur zeigen, wie gut sie schwimmen können, sondern sie wollten zeigen, dass das Wasser trägt, und alle anderen mitnehmen in diese Erfahrung.

In Helfta befindet sich heute auch ein begehbares Labyrinth. Es besteht aus Heil- und Heckenpflanzen und hat die Form eines Herzens. Es heißt nicht zu Unrecht „Das Lebendige Labyrinth". In der Mitte gibt es einen Raum aus Weidengeflecht mit einer Bank, auf der man sich in Ruhe niederlassen kann. Durch das Weidengeflecht schaut man zum Himmel wie durch ein Netz. Im Inneren angekommen, wird die Verflechtung und Verbindung von allem mit allem augenfällig. Im Zen spricht man von Leerheit. Leerheit ist Fülle. In den Worten der Frauen von Helfta wird das spürbar.

Literaturverzeichnis

Wüstenväter und -mütter

Apophthegmata Patrum, Weisung der Väter, übersetzt von Bonifaz Miller, Trier 2005

Meterikon, Die Weisheit der Wüstenmütter, Verlag St. Ulrich 2004

Evagrius Pontikus, Praktikos – Über das Gebet, Schriften zur Kontemplation, Münsterschwarzach 1986

Dam, Jyotishman, Große Meister Indiens, München 2003

Dodel, Franz, Das Sitzen der Wüstenväter, Freiburg 1997

Grün, Anselm, Begleitung in Krisensituationen bei den Wüstenvätern, in: Kontemplation und Mystik, 2000/2 S. 3-6

Grün, Anselm, Der Himmel beginnt in dir, das Wissen der Wüstenväter für heute, Herder 1994

Jäger, Willigis, Evagrius Pontikus, in: Kontemplation und Mystik , 2001/1 S. 26-28

Jungclaussen, Abt Emmanuel OSB, die Ökumene des Herzensgebetes, in: Via Cordis Forum, 1 2004 S. 3-9

McGinn, Bernard, Die Mystik im Abendland, Band 1, Freiburg 1994

Manshausen Udo, Wüstenväter für Manager, Verlag Gabler 2000

De Mello, Warum der Schäfer jedes Wetter liebt, Herder, 1993

Sloterdijk, Peter, Weltfremdheit, suhrkamp Nr. 1781, 1993

Tolle, Eckhart, Jetzt! Die Kraft der Gegenwart, 2004

Weller, A., Über die Wüstenmütter, in: Kontemplation und Mystik, 2000/2, S. 8-15

Nicolaus Cusanus

Nicolaus Cusanus, Philosophische und theologische Schriften, (ed) Eberhard Döring, Wiesbaden 2005

Nikolaus von Kues, Die belehrte Unwissenheit, Bd.1-3, Lateinisch-Deutsch, übersetzt von Paul Wilpert, Hamburg 1977

Nikolaus von Kues, Über den Beryll, Lateinisch-Deutsch, (ed) Karl Bormann 1987

Nikolaus von Kues, Drei Schriften vom verborgenen Gott, Hamburg 1967

Dionysius Areopagita, Von den Namen zum Unnennbaren, Freiburg 2002

Flasch, Kurt, Nikolaus von Kues, Geschichte einer Entwicklung, Frankfurt 1998

Flasch, Kurt, Nikolaus Cusanus, München 2001

Flasch, Kurt, Nikolaus von Kues in seiner Zeit, Reclam 2004

Kandler, Karl-Hermann, Nikolaus von Kues, Göttingen 1997

Malangré, Heinz, Nikolaus Cusanus begegnet Menschen von heute, Aachen 1999

Meffert, Ekkehard, Nikolaus von Kues, Stuttgart 1982

Watzlawick, Paul, Wie wirklich ist die Wirklichkeit? Piper 2000

Frauen von Helfta

Gertrud von Helfta, Gesandter der göttlichen Liebe, übersetzt von Weisbrodt, Freiburg 1955

Gertrud von Helfta, Exercitia spiritualia, (ed) Siegfried Ringler, Elberfeld, Humberg, 2001

Mechthild von Magdeburg, Das fließende Licht der Gottheit, (ed.) Margot Schmidt, Stuttgart, 1995

Mechthild von Magdeburg, Das fließende Licht der Gottheit, Mittelhochdeutsch/Neuhochdeutsch, Reclam 2008

Keul, Hildegund, Verschwiegene Gottesrede, die Mystik der Mechthild von Magdeburg, Innsbruck 2004

Kornfield/Feldman (ed) Geschichten des Herzens, Kempten Kösel 1991

McGinn, Bernhard, Die Mystik im Abendland, Band 3, Freiburg 1999

Ringler, Siegfried (ed), Aufbruch zu neuer Gottesrede, Die Mystik der Gertrud von Helfta, Stuttgart 2008

Printed by Books on Demand GmbH, Norderstedt / Germany